ソクラテスと若者たち

彼らは堕落させられたか？

三嶋輝夫

春秋社

はじめに

ソクラテスと言えば、「太った豚になるよりは、痩せたソクラテスになれ」[1]との言葉でも有名な、哲学者の代名詞のような存在である。よりにもよって、そんなソクラテスが何故に裁判にかけられ、死刑に処せられなければならなかったのか、――本書は、ソクラテスによる「徳の勧め」の内容の検討を通して、その疑問解明のための手がかりを得ようとする試みである。それはソクラテスの光と影、ニーチェの言葉を借りれば「アポロ的なもの」と「ディオニュソス的なもの」[2]のうち、どちらかと言えば後者により多くの光を当てようとする試みと言えるかも知れない。

　プラトンの『ソクラテスの弁明』によれば、[3]ソクラテスに対する告発理由として次の二点が挙げられている。すなわち、（i）若者を堕落させている、（ii）祖国が祀（まつ）る神々を敬わず、何か新奇な霊の如きもの[4]を信仰している、の二点であるが、本書では第一点を中心に論じることとしたい。はたして、本当にソクラテスは若者たちを堕落させたのであろうか。仮に堕落させたとして、抑々（そもそも）この場合、「堕落」とは何を意味するのであろうか。[5]この疑問に対する答えを、我々はソクラテスと親しく交わり、その影響を受けたと考えられる三人の若者を選んで探ることとしよう。その三人とは、いずれも実在の人物、クレイトポン、アルキビアデス、アリスティッポス[6]である。

最初にそれぞれの人物のプロフィールについて簡単に紹介した上で、順に取り上げて行くことにするが、予めその工程表の概略を示せば左の通りである。

第1章では、一番地味なクレイトポンについて論じるが、実在の人物としてのクレイトポンの生の軌跡を辿る前に、その名を冠した小対話篇『クレイトポン』の内容について検討を加える。その検討を踏まえた上で、激動するリアルポリティックスの中でクレイトポンが如何に行動したかを追跡するとともに、その思想と行動にソクラテスが及ぼした影響の有無、多寡を考える。

第2章では、クレイトポンとは対照的に、思いっきり派手なアルキビアデスのロゴス（言説）とエルゴン（行動）を取り上げる。先ず、トゥキュディデスの史書が伝えるその桁外れな弁舌と行動力を見た上で、プラトンの対話篇が描き出すその人格の表層と深層——果てしなき政治的野心と、その底に潜む内面の葛藤——に光を当てる。

第3章では、現実政治の真っただ中で奮闘もしくは悪戦苦闘した先の二人とは異なり、脱ポリス、脱政治を目指した自由人、アリスティッポスを取り上げる。その機智に富んだロゴスと融通無碍な生き方を、読者もお楽しみ頂ければ幸いである。

最後に「そしてプラトン——結びに代えて」として、彼らがソクラテスによって堕落させられたかを改めて問うとともに、彼ら以外の若者たちへの影響も含め、ソクラテスの哲学活動の光と影を総括する。そしてヌスバウムの批判を参照しつつ、いわば「第四の若者」としてのプラトンが、ソクラテスによる徳の勧めにどのような修正を加えたかを見ることとしたい。

ソクラテスと若者たち　目次

凡例

一、本書の中で既刊の拙訳を用いた場合、引用に際し、若干、訳文および仮名遣いを変更した箇所が有る。また他の引用についても、表記を改めた箇所が有る。

一、プラトンからの引用箇所については、原文を参照しやすいように、ステパノス版（一五七八年）の頁番号、段落、行も表記した。

一、人名・地名など、ギリシア語の固有名詞に含まれる母音の長短に関しては、基本的に一般的な慣行に従った。

一、ギリシア語のφの片仮名表記については、ソフィストを除き、パピプペポで統一した。例、アリストパネス、デルポイなど。

一、ギリシア語原典からの翻訳にあたっては、「……は、と言った」という挿入句は省略した。

本書に登場する若者たち（登場順）

クレイトポン（前四五二年頃–前四〇四年以降）

アルキビアデスと同じくアテナイの出身で、父親の名がアリュストニュモスであることは、本論で取り上げる『クレイトポン』の冒頭部分におけるソクラテスの言葉から知られる。前四一一年の政変においては四〇〇人政権樹立に参加、前四〇四年にアテナイがラケダイモン（スパルタ）に降伏した後の体制をめぐっては「父祖の国制」への回帰を支持した。その交際範囲と政治的立場から見て、おそらくはアテナイの上層階級に属していたものと推測される。また『クレイトポン』や『国家』における発言内容から見て、極めて真面目な性格であるとともに、論理的なシャープさを具えた鋭い知性の持ち主であったことが窺える。『クレイトポン』の中では、ソクラテスを見捨ててソフィストのトラシュマコスの許に走るかも知れないと脅迫めいたことも口にしているが、後年の政治活動の軌跡からすると、伝統を重んじる穏健保守派の立場に落ち着いたようである。

アルキビアデス（前四五二年頃–前四〇四年）

アテナイの名門の出身で、父親は武勇の誉れ高いクレイニアス。高名な政治指導者ペリクレスを後見人（epitropos）とするエリート中のエリートである。その類い稀なルックスの良さと毛並みの良さに加えて、卓越した知力と戦車競争で優勝するなどの派手なパフォーマンスをもって人気を博す。前四一五年からのシケリア遠征を主導、自ら指揮官の一人に選ばれるが、ヘルメス像破壊の嫌疑で召喚命令を受け、遠征途上で脱走、宿敵ラケダイモンに逃亡する。アテナイ攻めの秘策を伝授するなどラケダイモンに協力するが、個人的事情もあってかアギス王の不信を招くと、今度はペルシア総督のティッサペルネスと誼みを通じるとともにアテナイ復帰を画策。前四一〇年にはサモス島のアテナイ海軍を率いてキュジコス沖海戦でラケダイモン軍を破り、前四〇七年には遂にアテナイ復帰と復権を果たす。しかし、翌年には部下の失策の責任を問われて再び失脚、プリュギアに逃亡、前四〇四年、刺客に襲われ死亡。

また注目に値するのは、プラトンの複数の著作に見られるように、三人の中でも特別ソクラテスと親しい関係にあったと思われることであり、この事実は、善きにつけ悪しきにつけ規格外とも言うべきこの人物の内面を知る上で、重要な意義を秘めているように思われる。

アリスティッポス（前四三五年頃–前三五五年頃）

アテナイ出身ではなく、アフリカのキュレネーの出身。ポリスの枠組みを超えて風来坊的生活を送り、シュラクサイの独裁者デュオニュシオス父子の許での寄食者的生活にまつわるエピソードにも事欠かない。晩年は故郷に帰り、快楽主義で知られるキュレネー学派の祖となった言われる。その死後は、娘のアレテーと孫のアリスティッポスがその学派を引き継いだとされる。頭の回転の速さという点では、アルキビアデスと比べても何ら遜色ないと思われるが、アルキビアデスとは正反対に政治や権力には全く関心を示さず、ひたすら美女、美食を追求したという点で極めてユニークである。そんな彼が、どうしてソクラテスの弟子の一人に数えられてきたのか？

——読者とともにその疑問に対する答えを探ることとしよう。

ソクラテスと若者たち——彼らは堕落させられたか？

第1章　それから？
――クレイトポンと「その先」への問い

1　謎の対話篇『クレイトポン』

最初に取り上げるのは、三人の中でも最も知名度が低いと思われるクレイトポンである。にもかかわらず彼を選んだ理由は、数あるプラトンの作品――実は『クレイトポン』がプラトン自身の手になるものかどうかが、大問題なのであるが――の中でも極めて例外的な対話篇の主人公だからである。直ぐ見るように、その作品の中ではほぼ一方的にクレイトポンがソクラテスを攻め立て、ソクラテスに最後通牒を突きつけるのに対して、ソクラテスはそれに何の反論も加えることなく沈黙したまま終るのである。その異例の展開に人々は「『クレイトポン』の謎」について語り、それぞれの仕方でその謎解きに挑戦して来た。では早速、我々もまた挑戦することにしよう。

最初に全体の構成を俯瞰すると、短いながらも三つの部分から成っている。すなわち、

（Ⅰ）導入部（406A1–407A4）

（Ⅱ）ソクラテス賛美（407A5–408C4）

（Ⅲ）ソクラテスに対する不満と要求（408C4–410E8）

の三つの部分である。

先ずは導入部から検討することにしよう。

（Ⅰ）導入部

ここで話の口火を切るのは、ソクラテスである。彼はクレイトポンに呼びかけて言う、

最近、ある人が僕に語ったところでは、アリストニュモスの息子のクレイトポンがリュシアスと話している時に、ソクラテスとともに時を過ごすことについてはけなす一方で、トラシュマコスの授業については絶賛したとのことだがね。[1]

このソクラテスの言葉で最初に注目されるのは、まさにクレイトポンが指摘するように、他の作品から受ける印象とは違って、ソクラテスが自分についての他人の評価を気にしているように見える点である。なるほどプラトンの『ソクラテスの弁明』の中でも自分に関して世間が抱いている「知者」とのイメージに触れてはいるが、それはあくまでもその世評が虚像に過ぎないこと、自分が世間的な意味での「知者」では全くないことを明らかにするために他ならない[2]。

もう一点は、クレイトポンがソクラテスを非難する一方で、他ならぬトラシュマコスを絶賛したとされている点である。ソクラテスの発言はあくまでも「ある人」からの又聞きに基づくものであるが、直ぐ見るようにクレイトポン自身がトラシュマコスを褒めたことに関しては認めているので、事実と見てよいであろう。このことはまた、後で取り上げる『国家』の中でクレイトポンがトラシュマコスの援護射撃をしている——トラシュマコス本人はそれを活かしていないが——事実とも符合する。しかし、このトラシュマコスとの関係には、いくつかの難問が孕まれているので、この点についても後に『国家』におけるクレイトポンの発言を検討する中で、改めて取り上げることとしたい。

さて、ソクラテスの些か含むところがあるように聞こえる言葉を受けたクレイトポンはどう答えたか？——彼は言う、

ソクラテス、その人は私があなたについてリュシアスを相手に話したことを、あなたに正しく伝

えてはいません。というのも、私がある点に関してはあなたのことを褒めなかったことはたしかですが、別の点では褒めもしたからです。でも、あなたが全然気にしていないふりをしながら、私を咎めていらっしゃることは明らかですから、自分から直接あなたに、その時の会話の一部始終を喜んでお話しすることにしましょう。[3]

クレイトポンの観察が正しいとすれば、ソクラテスは気にしていない素振りをしながら実は面白くなく思っていることを見抜かれていることになるが、もしそれが事実であるとすれば、これまたあまりソクラテスらしくない――少なくとも、プラトン描くところのソクラテスのイメージからすれば――と言えそうである。しかし、このクレイトポンの言葉に対するソクラテスの返答は、大凡、我々が抱いている日頃のイメージに沿うものであるように思われる。ソクラテスは、「何でも思っていることを率直に話すこと」[4]さえ認めてくれるなら喜んで話すとのクレイトポンの条件を受け入れて言う、

いや、君が僕のためになることをしてくれる気になっているのに、それを承知しないというのは実に恥ずべきことだろう。というのも、自分がどの点で人より劣っていて、どの点で人より優れているのかが分かったら、後の点については力の限りさらに精進して伸ばしていき、他方、前の点についてはできるだけ避けるように努めることは言うまでもないからだ。[5]

自分が人より優れている点も含めて考えている点には多少引っかかりを覚えはするものの、自分の誤りを指摘されるのを歓迎するとの『ゴルギアス』における主張[6]に概ね合致する内容であり、一応、（プラトン的な）ソクラテスのイメージに近いと言えそうである。

ソクラテスの承諾を得たクレイトポンは、先ずは彼がソクラテスを高く評価する点について語り始めるが、その前置きは些か大袈裟なものである。まるで弁論家の如き口調でクレイトポンは言う、

それでは聞いてください。ソクラテス、私はあなたと一緒にいてお話を聞きながら、本当に何度も感嘆したのです。そして、あなたが世間の人々を非難して、まるで悲劇の機械仕掛けの神様のごとく次のように滔々と語られるたびに、他の人間と較べてこの上もなく立派に語られていると思えたのです。[7]

ここでソクラテスの語り口が機械仕掛けの神（デウス・エクス・マキナ）に喩えられているが、プラトン対話篇に登場するソクラテスの特徴は基本的に一問一答形式の対話であることを考えると、必ずしもふさわしくない印象を与える。またソポクレスの『ピロクテテス』に登場する機械仕掛けの神――神と言っても英雄ヘラクレスであるが――のことを考えても、いわば「上から目

線」で人間たちに命令する存在であって、ソクラテスにはあまり当てはまりそうにない印象を与える。では、クレイトポンの喩えは全く的外れなのであろうか。その点について我々は、クレイトポンが賛美するソクラテスの主張に耳を傾けながら考えてみることとしよう。

（II）ソクラテス賛美

クレイトポンの報告によると、ソクラテスは世の人々に対して次のように訴えかけているとされる。

諸君、君たちはどこに流されていくのか。諸君は、なすべきことを何一つしていないことに気づいていないのだ。金のことに関しては、どうすれば諸君のものになるか、真剣そのもののくせに、その金をやがて譲り渡すことになる息子たちに関しては、彼らが将来その金を正義にかなった仕方で用いることを心得られるよう、彼らに正義を教える教師を——これは正義が学習可能なものと仮定しての話だが、もしそれが練習と訓練によるものなら、彼ら息子たちを十分なまで徹底的に鍛え、練習させるような者たちを——見つけてやろうともしなければ、そもそもそれ以前に、諸君自身についてそのような配慮をしたことさえないのだ。[8]（C1）

クレイトポンが報告するソクラテスの言葉はさらに続き、二番目の部分では読み書きや体育だけで「徳の教育」は事足れりとする当時の教育を批判し、それこそが兄弟間や国家間の争いの原因だと指弾する。また最後の部分では、不正が自らの意志によるものであるかどうかについての世人の信念の矛盾を指摘した上で、仮に不正が人の欲するところのものではないとするのであれば、個人も国家もいっそう不正に注意を払うべきであると主張している。

最後の部分における不正をめぐる勧告は、教育の不十分さを批判する前の二つの部分の内容から見ると些か唐突な印象を与えるが、現行教育批判の要諦が「正義」——それこそが本来教育されるべき「徳」であると、このソクラテスは考えていると見てよいであろう——を教えることを蔑ろにしているとの指摘にあることからすれば、必ずしも唐突とは言えないかも知れない。ただし、その部分の論旨の運びは舌足らずで論理的飛躍があり、次に参照する「本家」の徳の勧めに比して不十分な印象を与えるのは否めない。では本家はどのように語っているであろうか。以下に引用するプラトンの『ソクラテスの弁明』からの言葉は、アテナイの民衆法廷がソクラテスに対して一種の取引、すなわち、ソクラテスが哲学活動を一切放棄するならば無罪放免にしてやると提案したなら自分はどう答えるか、を述べたものである。

アテナイ人諸君、私は皆さんに親しみと愛情を抱くものではありますが、皆さんよりもむしろ神に従うことでしょう。そして私が息をし、そうし続けることができる限り、私は哲学し、皆さんに訴えかけ、皆さんのうちのだれに会おうと、そのつど常々私が口にしていることを言って自分の考えを明らかにすることをけっしてやめないでしょう。すなわち、最も優れた人よ、きみは知恵と力にかけては最大にして最も誉れある国、アテナイの国民でありながら、どうすればできるだけ多くの金が自分のものになるか、金のことばかり気にかけていて恥ずかしくはないのか。名声と名誉については気にかけながら、思慮と真実について、また魂について、どのようにすればそれが最も優れたものとなるかを気にかけることもなければ、思案することもないとは。[9]（P1）

この引用P1と先のC1を較べると、その基本的なメッセージは共通している印象を受ける。すなわち、共に人々が金儲けに気を取られて大切なものを置き去りにしているということに対する批判である。まさにこのことを人々に気づかせることこそが自分の活動の目的であると、『ソクラテスの弁明』のソクラテスは言う。

私があちこちめぐり歩きながらしていることはといえば、つぎのこと、つまり皆さんうちの年少の方にも年長の方にも、魂について、それができるだけ優れたものになるように配慮するよりも前に身体やお金のことを気にかけるべきでもなければ、あるいはまた魂に配慮するのと同様の熱心さで、身体やお金のことを気にかけるべきでもない、と説くこと以外の何ものでもないからです。それは、『財産から徳が生じるのではなく、徳にもとづいてこそ財産およびそれ以外のものの一切が、人間にとって、私的な意味でも公的な意味でも善いものとなるのだ』と言いたいからです。[10]（P2）

このように根拠づけながら訴えかけるソクラテスの姿を「機械仕掛けの神」に擬えるのは些か無理があるように思え、そこから、ここで言われているのはソクラテスではなくその弟子のアンティステネスであるとの解釈も出されたのであるが[11]、世の人々の過ちを叱責し、行いを改めるように促している点では「上から目線」的要素がないとは言えないかも知れない。それはさておき、P1においてもP2においても、ソクラテスは「魂」を最も優れたものにするように努める必要性を力説しているが、クレイトポンもまた、魂の枢要性についての報告を忘れてはいない。

身体は鍛えているものの魂はなおざりにしている者たちは、何か別の仕方で同じような真似をしているのだ。つまり、支配すべきものをないがしろにして、支配されるべきものに一生懸命になっているのだ[12]。(C2)

そして、肝腎なのは道具や技術と同様に魂もふさわしい仕方で用い働かせることなのであり、それを心得ていない者は心得ている者に任せた方がよいと主張する。

何であれ、どのように用いるべきか知らないものに関しては、その使用を放棄する方がよいのである。すなわち、人が目をどう使ったらよいかも、耳をどう使ったらよいかも知らず、およそ身体全体をどう使ったらよいかも知らない場合には、聴かず、見ず、また他のいかなる仕方でも身体を使わない方が、何らかの仕方で使うよりもよいのであり、このことは実際、技術についても同様なのである。[13]（C3）

些か滑稽な喩えではあるが、身体について当てはまることは、当然、より大切な魂についても当てはまることになる。

誰であれ、魂をどう用いたらよいかを知らない者にとっては、魂に暇をとらせて生きるのをやめる方が、自分勝手な仕方で事を行いながら生きていくよりもよいのである。これに対して、もしどうしても生きていかざるをえないような必然性がある場合には、そのような者にとっては自由人としてその人生を過ごすよりも、奴隷として過ごす方がよいのだ。それはちょうど船の舵取りを任せるように、思考の舵を、人々の舵取りをする術を学んだ他の人に委ねるのと同じである。[14]（C4）

ここで魂の用い方を心得ない者は生きることを止めた方がよいと言われていることにピンと来ない読者もいるかも知れないが、古典ギリシア語で「魂」を意味するプシューケー（psȳchē）という単語には「生命」という意味があることを知れば、納得がいくのではないだろうか。

さてC3、C4で力説されている用い方についての心得の重要性は、実はプラトン『エウテュデモス』においても強調されるところである。この一種のエンターテインメント的な作品の中で、ソクラテスは飲食物や職人の仕事の材料を例に挙げた上で次のように問う。

では、どうだろう。仮に誰かが富や、われわれがいま挙げたばかりの財のすべてを所有してはいるものの、それらを用いない場合でも、それらの財を所有していることだけで幸福になることができるだろうか。[15]（P3）

ソクラテスによれば、実際に使うことは必要であるが、幸福になるためにはそれだけでは未だ十分ではないとされる。さらに正しく用いることが不可欠であるとした上で、それを可能にするのは知識に他ならないのではないかと尋ねる。

そうだとすれば、われわれが最初に挙げた諸々の財、つまり富や健康や容姿の美しさを用いることに関してもまた、それら全てを正しく用いるのは知識であって、それはわれわれが実際に用いる際に指導し過ちを矯してくれるものなのではないだろうか。それとも、他の何かだろうか。[16]（P4）

当然ながら相手は賛同するのであるが、C3、C4とP3、P4を比較しても共通点が少なくないことは明らかであろう。

以上の『クレイトポン』とプラトンの作品からの引用を並べてみると、内容的には何れも「徳の勧め」――プロトレプティコス――を眼目とするものであり、人々に金や身体よりも魂を優れたものにすること――それは当然、優れたものになった魂を然るべき仕方で用いることを含意する――を心がけよ、と訴えるものである。その限りにおいてクレイトポンの報告は、プラトンが描くところのソクラテスの主張と大差ないと見てよさそうである。そしてクレイトポンは、そのソクラテス賛美を次のような言葉で締めくくっている。

実に以上の主張や、それに類した他の、とても見事に述べられた主張の数々、例えば「(a)徳は教えられるものであり、あらゆるものの中でも自分自身にこそいちばん配慮すべきである」といった主張に対しては、今までほとんど一度も私が異を唱えたことはありませんし、思うに、今後も決してないと思います。それらの主張は最もよく人を徳へと促すものであるとともに有益なものであり、(b)まるで居眠りしている者たちの目を覚まさせるように、ひとえに我々の目を覚まさせるものなのです。(C5 17)

この賛美の締めくくりの言葉で注目すべき点が二点ある。その第一点は、ソクラテスが「徳は教えられるものである」と主張しているとされていること(a)、すなわち、徳の教授可能性を認めているとされている点であり、第二点は、最後のソクラテスの訴えの覚醒作用についての喩え(b)である。

先ず一点目についてであるが、この点に関してプラトン描くところのソクラテスの見解は微妙であるように思われる。[18]というのも、周知の如く、『プロタゴラス』篇において徳の教授可能性を主張するのは「徳の教師」を自認するソフィストのプロタゴラスであって、ソクラテスは少なくとも当初は懐疑的だからである。なるほどその後の議論の展開から、対話篇の最後では立場が入れ替わったように見えはするものの、最終的には問いは開かれたままに終っている。[19]また『ソクラテスの弁明』においても、授業料を取って徳を伝授するというソフィストのエウエノスを皮肉まじりに称賛しつつ、自分にはその能力がないと述べている。[20]こうした事情を勘案すると、クレイトポンはC5では徳の教授可能性をソクラテス自身の主張だと断定しているが、むしろ最初に見たC1における正義についての但し書き、すなわち正義が「学習可能なもの」であるか、あるいは「練習と訓練によるもの」であるかとの二択のままにしておく方がプラトンのソクラテスには近いと言えそうである。

この徳の教授可能性をめぐる問題は、実は次に見るクレイトポンのソクラテスに対する不満と要求にも直結する重要性を有するので、その点については次節で改めて掘り下げることとし、その前に第二点についても一瞥しておくこととしたい。

第二点はソクラテスの言葉が人々に与える覚醒作用についてであるが、この喩えを読んで即座にプラトンの『ソクラテスの弁明』における有名な「虻（あぶ）」の比喩を思い起こされた読者も少なくないであろう。そこでソクラテスは、自分を殺すならば自分の代わりになるような人間を見つけることは難しいだろうとして、次のように述べる。

もっと滑稽な表現をすれば、私は文字どおりこの国——それはまるで、大きくて血統も良いけれども、大きいために鈍感で、虻か何かによって目を覚まさせられる必要のある馬のようなのですが——に神によってくっつけられたものなのです。まさにそのようなものとして、神は私をこの国に付着させたように私には思えるのです。つまり、日がな一日いたるところにとまっては、皆さんの一人一人の目を覚まさせ、説き勧め、また叱咤することをけっしてやめないような、何かそのような者としてです。[21]（P5）

このP5とC5の傍線部(b)を併せ読む者は、後者が前者を下敷きにして書かれたのであって、逆ではないとの印象を受けるのではないだろうか。ここに限らず、先に触れた不正をめぐる議論について見ても、クレイトポンによるソクラテスの主張の報告は全体的にダイジェスト版の趣があり、その些か端折った印象を与える叙述は、ソクラテスの基本的な主張——おそらくはプラトン対話篇に見られる——について、予め一定の予備知識を前提しているように思われるからである。とすると、クレイトポンのオリジナリティーは希薄でプラトンだけ読んでいればよいということになりそうであるが、そのオリジナリティー、独自の価値はまさに次節で展開されるそのソクラテス批判にあるのである。

（Ⅲ）ソクラテスに対する不満と要求

以上、我々はクレイトポンのソクラテス賛美について見て来たのであるが、まさにそれだけで終らないところに『クレイトポン』の面白さ、哲学的意義はある。

クレイトポンによれば、ソクラテスの訴えに感激し、「徳の勧め」に続く話が聞きたいと考えた彼は、さしあたりソクラテス本人にではなくその仲間の中でもとりわけ世評の高い者たちに、次のように尋ねたとされる。

最も優れた皆さん、ところで我々は、ソクラテスから我々に向けられた徳への促しをどのように受け止めたものでしょうか。はたして、(c)それはそれだけのものであって、事柄そのものにまで到達して、それを完璧に把握することはできず、全生涯にわたる我々の仕事というのは、まだ徳を目指すように促されていない者たちを促すことであり、その者たちはその者たちでまた別の者たちを促すことなのか、それとも我々は、人は徳へと促すこと自体は行うべきであることに同意した上で、その後になすべきことについて、「で、それから？」と、ソクラテスに対しても、お互い同士の間でも問わなければならないのでしょうか。[d]我々は正義に関して、どのようにその修得に着手すべきだと主張するのでしょうか。[22]（C6）

先ずクレイトポンの疑問がどのような内容のものなのかについて検討すると、傍線部(c)で言われているのは、ソクラテスによる「徳の勧め」がまさに「勧め」だけに尽きるものであって、勧められるべき「徳」そのものが何であるかを突き止めることはできず、ソクラテス本人もその共鳴者たちも、一生ひたすら「勧め」だけを繰り返す他はないのか、という疑問である。このクレイトポンの疑問を前に、井上忠教授は次のような感想を述べている。

ソクラテスの努力は、ただ徒にIo（「自己自身」）を知らぬことを認めつつ、その探求には踏み込まない自分：筆者註）を作り、Ioに立ち止まるひとを作るだけではないか。世間の人の生きざまを否定し論駁して、真の生き方を勧めても、実際にその真の生き方の内容は摑めず、ただ他人にむなしく立ち止まれと勧める徳の教師を作りつづけるだけではないか。これはまさに『クレイトポン』の指摘するところである。「クレイトポン」が「ソクラテス」に向ける非難は、妙に（それがプラトンの真作とも想えぬだけに余計に）肺腑を抉る。[23]

教授同様に「肺腑を抉られる」思いをした同業者も少なくないのではないだろうか。

では、傍線部(d)の疑問についてはどうであろうか。ここにおける「正義」は勧められている徳の代表として機能しているように思われるが、問われているのは、どのようすれば正義他の徳を実際に身につけることができるのか、という獲得法である。しかし、この問いは、先行する問いの中で言われている「事柄そのものにまで到達して、それを完璧に把握すること」を前提として初めて問われ得る事柄であろう。従って、論理的に見れば、クレイトポンの要求は二段構えになっていると考えられるが、その要求の正当性は他ならぬプラトンの『ラケス』におけるソクラテスの発言によっても裏書きされている。

『ラケス』においては、年頃の子弟の教育に悩む二人の父親が二人の将軍——ラケスとニキアス——とソクラテスに助言を求めるのであるが、彼らを前にソクラテスは次のように述べる。

ソクラテス：ところでラケスさん、今もまたこのお二人は（リュシマコスとメレシアスという二人の父親：筆者註）次のこと、つまり〈どのようにすれば彼らの息子さんたちの心に徳が備わって、彼らを前よりもすぐれた者とすることができるか〉について一緒に思案するために、私たちを呼んでおられるのではないでしょうか。

ラケス：いかにも。

ソクラテス：そうだとすれば、私たちには次のこと、つまり〈徳が一体何であるのかを知っていること〉が備わっていなければならないのではないでしょうか。というのも、徳が一体何であるのかを全然知りもしないとすれば、たとえ相手が誰であれ、〈どうすればそれ（徳）をもっとも立派に身につけることができるか〉に関して、一体どうやって私たちは助言者となり得るのでしょうか。

ラケス：どうやっても無理だと、僕には見えるね、ソクラテス。[24]（P6）

それに続けて『ラケス』では、徳全体について問うのは大変だとして、先ずは勇気が選び出され、「勇気とは何か」が探求されるのであるが、その探求は定義探求の試みとして、「事柄そのものにまでに到達して、それを完璧に把握すること」と同一視して差し支えないであろう。

それでは、正義の徳を身につけるための第一段階としての「事柄そのものにまで到達して、それを完璧に把握する」との要求は、どのようにすれば充たされるのであろうか。幸いにもそのヒントは、クレイトポンが説明のために用いているアナロジーにある。クレイトポンは身体の世話をする技術としての医術と体育術に対応する魂の徳のための技術――テクネー――は正義に他ならないとする人物に対して、他の技術を例にとって、自分の要求がどのようなものなのかを説明して言う、

私に名前だけ言うのではなく、次のように答えてください。何か医術と呼ばれる技術がありますが、それによって達成されるものは二重なのです。その一つは今いる医者に加えて別の医者を作り

出すことであり、もう一つは健康です。しかるに、それらのうちの一方はもはや技術ではなく、教授し教授される技術の成果もしくは所産、つまり我々が健康と名づけるものなのです。大工術に属する家と大工術についても同様に、一方は成果であり、もう一方は教授される事柄なのです。[25]（C7）

この技術とのアナロジーを踏まえて、クレイトポンは正義についても同様の規定を求める。

そこで、正義についても、達成されるものの一つは、先ほどの場合に個々の技術者たちを作り出したのとちょうど同じように、正しい人々を作り出すことだとしましょう。では、正しい人が我々のために作り出すことができるもう一つのもの、それは何なのだと我々は主張するのか、言ってください。[26]（C8）

要するにここで問われているのは、正義もまた一個の技術であるとすれば、他の技術、例えば医術や大工術と同様に二つの固有の成果を生み出すものでなければならないが、それは何か？ということである。二つの成果のうち、一つはその技術を有する者であり、正義の場合も「正しい人々」がそれに相当するとされるが、問題はもう一つの成果、つまり医術における「健康」や大工術における「家」に相当する固有の成果は何か？ ということである。クレイトポンの報告によれば、その問に対しては「有益さ」を始めとして様々な候補が出された末に「友愛」が挙げられ、さらにそれを通俗的な友愛観と区別するために「同じ考えを持つこと」[27]（ホモノイア）と言い換えられる。ところが、医術など他の技術もまた専門領域に関して「同じ考えをもつこと」であることが最後の場面で指摘されて、元の木阿弥に終ってしまったという。[28]

この一連のやり取りについての報告を見る限り、クレイトポンが求める「事柄そのものにまで到達して、それを完璧に把握すること」とは、正義に関して言えば他の技術との種差、それも医者や大工に対応する「正しい人々」の再生産といった形式的種差ではなく、「健康」や「家」に対応するような実質的な種差を明らかにすることを意味しているようである。しかし遺憾ながら、ソクラテスの仲間との対話ではその点は明かにされないままに終わり、遂に痺れを切らしたか、クレイトポンはソクラテス本人に直接質問をぶつけたと言う（読者は、最初からそうすればよかったのに、と思うかも知れないが……）。ところがクレイトポンが語るそのやり取りは、この作品の真贋問題にも関わる意外な内容のものである。

そんなわけで、ソクラテス、最後に私があなた自身にも尋ねたところ、あなたは(e)「正義とは敵を害し、味方（友）にはよくしてやることだ」と私に言われました。しかし、後になって、正しい人は決して誰にも害を加えないことが明らかになったのです。なぜなら、彼はあらゆる人に対して、あらゆることを人々の利益のために行うからです。[29]（C9）

どこが意外なのか？　実は後に見るように、傍線部(e)の主張は、『国家』第一巻においてはポレマルコス青年が主張し、ソクラテスによって論駁されているからである。しかし、この点については先で改めて取り上げることとし、クレイトポンの積もり積もった不満の爆発とも言うべき言葉に耳を傾けることにしよう。クレイトポンは言う、

しかし、私は以上のことを一度や二度でなく、長年にわたって辛抱強く聞き続けてきた末に、もうやめにしたのです。というのも、あなたは徳に配慮するよう促すことにかけては人間たちの中でも最も見事になすことができるけれども、あなたにできるのは二つのうちの一つ、つまりそのように促すことができるだけでそれ以上のことは何もできないのか、――それは他のどんな技術についても起こりうることで、例えば、舵取りでなくても舵取りの技術について、人間にとって大変価値があると賞賛することに習熟するのは可能なのと同じであり、それ以外の技術についてもまた、同様なのです。実際、正義についても、人は同じことをあなたに対して持ち出すことができるでしょう。つまり、あなたが正義を見事に賞賛できるからといって、少しでも余計に正義について知識を持っているわけではないのだ、と。(C10)[30]

この中でクレイトポンは「二つのうちの一つ」と言いながら、残るもう一つについては説明することを忘れているように見えるが、そのもう一つの選択肢はC10に続く言葉の中で補足されてい

ると見ることができるかも知れない。クレイトポンは以上の辛辣な言葉にもかかわらず、自分はまだ最終結論を出したわけではないことを述べる。

とはいっても、私の立場は決してそのようなものではなく、次の二つのうちのどちらかだと考えています。すなわち、あなたは〔正義そのものについて〕知らないか、それとも〔知っているのに〕私には正義に与らせたくないかの、どちらかなのです。[31]

ここでクレイトポンは以下の二つの選択肢を改めて提示している。すなわち、

（i）ソクラテスは（正義を賞賛することは人一倍上手くできるが）、正義そのものが何であるかは知らない。

（ii）ソクラテスは正義が何であるかも知っているが、クレイトポンには教えない。

問題は、この二つの可能性の間で宙づりにされて模索する青年クレイトポンが取った行動である。彼は言う。

そんなわけで私は途方に暮れて、トラシュマコスのもとにも通っていますし、またどこであれ、できるかぎり他の誰かのところにも出かけてみようと考えているのです。[32]（C11）

言うまでもなく、ここで先ず重要なのは、他ならぬソフィストのトラシュマコスがソクラテスに代わる選択肢として名指されていることである。が、それ以上に重要なのは、トラシュマコスの名前が冒頭のソクラテスの話の中にも登場し、ここではクレイトポン本人が口にしているにも拘らず、実はトラシュマコスがどのような思想の持ち主なのかについては両者とも一切説明しておらず、ソクラテスに取って代わるべき候補の思想内容は全くのブラックボックスのままに置かれていることである。かく言う筆者自身も長年にわたってこの事実を見落としていたのであるが、それはプラトンの『国家』を読んで既にトラシュマコスの思想についての予備知識がある状態でこの作品を読んで来たことに原因があるように思われる。しかし考えてみれば、トラシュマコスの思想内容についての一定の予備知識を欠いては、この作品の背後もしくは底に横たわり、この作品に切迫感と一種の不穏さを与えているソクラテス対トラシュマコスという対立軸は空洞化してしまうのであり、このことは相対的執筆時期の問題も含め、『国家』と『クレイトポン』の関係を考える上で、決定的な重要性を有するのである。この重要性の認識は我々に『国家』に目を向けることを迫るものであるが、その前に我々はクレイトポンの最後通牒について見ておくこととしよう。とは言うものの、クレイトポンは一方的に三行半（みくだりはん）を突きつけているわけではない。

既に見たように、クレイトポンはトラシュマコスの名前をちらつかせた上で、自分の最後の求めに応じるようソクラテスに懇願して言う、

もしあなたが私に向かって、そうした徳の勧めの話ばかりするのをもうやめにすることに同意されるのであれば、――例えば私が身体をなおざりにしてはならないと体育術（の必要性）に関して説得されて納得していた場合、その勧めに続くこと、つまり私の身体が生まれつきどのような性質のものであるからどのような配慮が必要であるかをおっしゃってくださることでしょうが――、今もまた、ぜひそれと同じようにしてください。[33]（C12）

ここでクレイトポンは、身体に配慮することの重要性に賛同した者が次に期待するのは自分の体質に応じた個別的かつ具体的なアドヴァイスであるのと同じように、ソクラテスが説く魂に配慮すること、すなわち徳を身につけることの枢要性に共鳴している自分に対してもまた、どうすれば実際に身につけられるのか個別的かつ具体的な助言をして欲しいと願っているのである。しかし、その尤（もっと）もと思われる求めに続く本篇最後の言葉はまた謎めいたものである。曰く、

というのも、あなたはまだ徳の勧めを受けていない人間にとっては素晴らしく価値があるけれども、徳の勧めをすでに受けてしまった者にとっては、徳の極みまで突き進んで幸福になるためには

邪魔も同然だと主張することになるだろうからです。[34]（C13）

役に立たないというのであればまだしも、「邪魔も同然」とは一体いかなる事態を指すのか？ここで我々は再びアポリアに陥るのであるが、そのアポリアからの脱出の方途——ひょっとすると、プラトン『饗宴』におけるアルキビアデスの言葉にヒントが隠されているかも知れない——は改めて探ることとして、我々は『国家』に目を転じ、そこにおけるクレイトポンとトラシュマコスの関係について検討することにしよう。

2 『国家』におけるトラシュマコスとクレイトポン

前節でこの作品の背後もしくは底に潜む根本的対立軸としてトラシュマコス対ソクラテスという構図を指摘したのであるが、本節では先ず『クレイトポン』そのものにおいてはブラックボックスに留まっているトラシュマコスの思想内容を検討した上で、トラシュマコスを掩護射撃しようと試みるクレイトポンの発言のうちにその哲学的・政治的立場を探ることとしたい。

トラシュマコスの正義観

トラシュマコスが登場するのはプラトン『国家』の第一巻であるが、最初から「出演」しているわけではない。周知の如く、『国家』篇は古来「正義について」という副題を持ち、第一巻でも「正義とは何か」が問われるが、その前半部でソクラテスの相手を務めるのはポレマルコス青年である。実はポレマルコスは『クレイトポン』冒頭のソクラテスの言葉の中で言及される弁論家のリュシアスの兄でもあるが、ここで彼は伝統的な正義観――『クレイトポン』ではソクラテスが述べたとされている正義観――すなわち、「正義とは敵を害し、味方（友）にはよくしてやること」であるとの正義観――を主張してソクラテスに反駁されるのである。まさにその時、トラシュマコスは二人の生温さに我慢しきれなくなったか、殴り込む。ソクラテスの報告によれば、「彼はもはや黙っていられなくなって、猛獣のように身構えると、八つ裂きにしてやろうとばかり、われわれに突進してきた」とされる。

トラシュマコスは言う、

さっきからずっと、何とたわけた話に夢中になっているのだ、ソクラテス。おまけにいったい何のために、互いにおめでたさ丸出しにして、自分たち同士の間で譲り合っているのだ。いやそうではなくって、正義とは何なのか、君が本当に知りたいと思うのなら、質問するだけではなく、また人が何か答えるたびに反駁して得意になるのではなくて、――それは答えるよりも質問する方が易

しいことを君がよく知っているからだが――自分も答えて、君が正義を何と主張するのか、言いたまえ。[35]（T1）

言葉の調子はこちらの方がきついものの、ソクラテスに正義の定義を迫っている点では、我々が見て来たクレイトポンの要求と同じ内容と見なしてよいであろう。あるいはT1はクレイトポンの不満を先取りしているのであろうか。その点について考える上で注意すべき点がもう一つある。それはT1に続く部分でトラシュマコスが述べていることである。トラシュマコスはソクラテスに対する要求に続けて、次のように言う。

だが、僕に対して、正義とは『なすべきこと』であるとか、『有用なもの』であるとか、『利益をもたらすもの』とか、『得になるもの』とか『有益なもの』とか、言わないでくれたまえ。そうではなくって、君が何だと主張するにせよ、明確かつ厳密に述べてくれたまえ。僕としては、君がそうした類いの馬鹿げたことを言っても受け付けないからな。[36]

ここで「そうした類いの馬鹿げたこと」の例として挙げられている答の候補の大部分は、実は『クレイトポン』（409C1–3）の中で正義が生み出す固有の成果の候補として挙げられていたものと重なっているのであり、我々はここにも両作品の重なりを認めることができるのである。

果してこの重なりが両者の関係を考える上でどのような意味を持つのかについては先で考えることにして、その前に先ず、トラシュマコス自身は正義についてどのような答を持ち合わせているのかについて見ることとしよう。

トラシュマコスは先の言葉に続けて散々ソクラテスの悪口を言った後、勿体ぶった様子で次のように自説を披露する。

それでは聞きたまえ。いかにも我が主張するところによれば、正義とはより強い者の利益以外の何ものでもない。おや、どうして君は褒めないのだ。さては、そうしたくないのだな。[37]（T2）

これに対してソクラテスは、拍手喝采を期待して勢い込むトラシュマコスを軽くいなすかのような口ぶりで「より強い者の利益」が抑々何を意味するのかを問い、自分たちよりも強いと思われる力士にとって牛肉を食べることが身体のためになるとするならば、自分たち弱い者にとっても牛肉食が有益かつ正しいということになるのかと尋ねて、トラシュマコスの怒りに油を注ぐ。『ゴルギアス』においてもソクラテスは、弱肉強食こそが「自然の正義」であると説くカリクレスに対して同様の例を挙げて相手を呆れさせているが、[38]ここでのトラシュマコスは腹を立てながらも根気よく自分の考えを説明している。彼は先ず、様々な政治体制――僭主独裁制、民主制、貴族制など――が存在すること、またそれぞれの体制の下で権力を握っているのは支配者であることをソクラテスに認めさせた上で、次のように指摘する。

> ところで、それぞれの支配体制は自分にとって有益なものを目的として、法律を制定するのである。民主制は民主的な法律を、僭主制は僭主制的なものを、それ以外の体制についても同様である。そして制定し終えると、被支配者たちに対してそれ、つまり自分たちにとって有益なものこそが正義であるとして宣言し、それに違反する者を、法に背き不正を犯す者として、懲らしめるのである。そういうわけで、最も優れた御仁よ、それ、つまり既存の支配体制にとって有益なものこそが、あらゆる国々において等しく正しいものであると私が主張するところのものなのだ。しかるにその既存の支配体制というものは権力を握っていることからすれば、正しく推論する者にとっては、同一のもの、すなわち、より強い者の利益こそがあらゆる所において正しいものである、という結論が帰結するのだ。[39]（T3）

このトラシュマコスの主張は要するに、世の中で〈正しいこと〉もしくは正義とされているものは、その時々の政体（x、y、z…）の支配階級（x′、y′、z′…）が自分たちの利益になることを法律で定めたものに他ならない、ということであろう。このことは、政体とその支配階級の可変性に応じて、〈正しいこと〉、正義の中身も変り得ることを意味し、その限りにおいては相対主義的な正義観と見ることができそうである。ただし、その相対性もしくは相関性への洞察は正義とされることの実質に関わるものであり、いわばその枠組み自体は政体の如何を問わず妥当し続けるものと見なされているとすれば、メタレベルでの普遍性を主張するものと見ることもできる。

興味深いのは、T3が同じプラトンの『テアイテトス』篇でプロタゴラス派の主張——ヘラクレイトス派の流動的存在論とも通底するものと見なされているが——として語られる正義観を想起させることである。同篇のソクラテスは、一般に「脱線」と呼ばれる部分から本題に復帰する最初の部分でプロタゴラス派を代弁して言う。

> ところで我々はたしかこのような議論をしていたところだったと思うのだが。すなわち我々の主張によれば、実在は流動するものであり各個人にそのつど現われるところのものはそれが現われる当人にとっては実際にそう有りもすると唱える連中は、他のことにおいても（自説に）固執しようとするだろうけれども、とりわけ正しいことに関してそうなのだ。つまり、一国が自分自身によいと思って定めるところのものは何であろうと、それがそのように40定められている限りは、それを定めた国にとっては何にもまして実際に正しくもある、というわけだ。（PR1）

ここに見られる主張は先のT3でのトラシュマコスの主張とほぼ同じと見てよいであろう。後者にあってT3にないのは、「現れる」(dokein) と「有る」(einai) の別であるが、これまた興味深いことには、後に見るクレイトポンの助け舟はまさにこの別に依拠するものなのである。しかしクレイトポンの発言についてみる前に、その前提をなすソクラテスの論駁を一瞥しておくことにしよう。

ソクラテスは、正義とはその時々の支配者が自分の利益になると考えて定めたもの以外の何ものでもないとするトラシュマコスの主張に対して、支配者の可謬性に基づいて反論を加える。すなわち、ソクラテスは支配者たちも時には自分の利益になることを見誤る可能性をトラシュマコスに認めさせ、見誤った場合には、実際には自分の不利益になることを正しいこととして定めることになるのではないかと問い詰める。そして傍らで聴いていたポレマルコスがソクラテスの肩を持つ発言をしたところで、クレイトポンが発言するのである。

クレイトポンの発言

ポレマルコスとのジャブの応酬の後、クレイトポンは言う。

いやそうではなくて、「より強い者の利益」ということで彼(=トラシュマコス)が意味していたのは、より強い者が自分自身の利益になると見なす事柄、ということなのだ。それを弱い者はな

さなければならないのであり、それだからこそ、それを正義であるとして立てたのだ。[41]（C14）

傍線部の原語は hēgoito であり、『テアイテトス』で使われている dokei ではないが、意味の上では共に主観的な「現われ」もしくは「思い」を表し、特に違いはないと考えてよいであろう。クレイトポンの提案の狙いは、トラシュマコスが主張する「強者の利益」の意味を強者である支配者が「『強者の利益』になると見なすこと」に限定することによって、「現れ」もしくは「思い」と「有ること」の間の齟齬が生じるのを予めブロックし、客観的に見て実際に利益になるかどうかという問題を消去することにあると考えられる。クレイトポン自身が現象（現れ）と実在（有る）の別を認めているかどうかは不明であるが、少なくともトラシュマコスの主張に関して「現れ」への一元化を図る限りにおいては、クレイトポンの救済策も基本的にはプロタゴラス説の延長線上にあると見ることができるかもしれない。

このクレイトポンの提案を、ルーチニックはトラシュマコスのそれと区別し、前者を「急進的な規約主義」もしくは「(急進的な) 相対主義」(radical conventionalism, relativism) 後者を「穏健な (?) 相対主義」(moderate relativism) としているが、[42] 筆者には必ずしも妥当な区別とは思われない。直ぐ見るように、トラシュマコス自身はこの提案を斥けるわけであるが、それはその頭の鈍さ（失礼！）を物語るものであって、T3の論理的帰結はクレイトポンの註解通りであったと思われるからである。

ところで、この折角のクレイトポンの助け舟にもかかわらず、トラシュマコスはそれには乗らずに支配者の可謬性そのものを否定する「厳密論」を展開して再びソクラテスの論駁に晒されるのであるが、それにめげることなく『ゴルギアス』のポロス顔負けの主張[43]を展開する。曰く、

かくして、ソクラテス、不正が完璧なものになる時には、それは正義よりも強力で、より自由で、より支配的なものになるのだ。すなわち、まさに始めから私が言っていたことだが、正義とはより強い者の利益であり、対するに不正は自分自身に利益をもたらす有益なものなのだ[44]。(T4)

御本人は、「まさに始めから私が言っていたこと」と述べているが、ここでのアクセントは、強者の利益が正義であるとの当初の主張よりもむしろ、それに縛られることなく不正を働く方が自分のためだとする利己主義の勧めに移っているような印象を与える。とは言うものの、その処世術もまた、あくまでも当初の主張、――すなわち、政体の如何を問わず、実定法として制度化された正義は所詮支配者の利益の反映に過ぎないとの主張――を前提として成立するものであろう。なお、T3、T4に見られるトラシュマコスの見解を記述的な主張と取るか規範的な主張と取るかが問題になるかも知れないが、筆者としてはT3の正義観は記述的であり、T4における不正の勧めについては規範的な主張であると考えたい。また、そもそも「強者の利益」としての正義観を歴史的トラシュマコスに帰すことの正当性に慎重な意見もあるが[45]、少なくとも『クレイトポン』

解釈の文脈においては、『国家』における主張をトラシュマコスの見解として扱うことが許されるであろう。そのことは仮に『クレイトポン』がプラトン本人の作品であるとすれば当然のことであるが、たとえ偽作であるとしても、『クレイトポン』という作品の存在理由を考えれば不可欠な前提であるように思われる。

ここでもう一点興味深い点を付け加えると、一見したところ流動的存在論はトラシュマコス・クレイトポン説とは無関係なように見えるが、ひょっとすると次節で見るクレイトポンの政治活動の軌跡と関連しているのかもしれないという可能性である。というのも、T3が複数の政治体制の存在を想定している以上は当然その交替も予想しているものと考えられるが、クレイトポンが僚友のテラメネスに劣らず現実政治の荒波を乗り切る遊泳術に長(た)けていたとする当時の世評と考え併せてみると、クレイトポンの政治的実践の基底に、正義の実質に関する相対主義のみならず、万物流転的な流動的存在論もしくは世界観を併せて想定することもできそうに思えるからである。

以上、我々は『国家』におけるトラシュマコスとクレイトポンの発言を材料に、その思想内容について検討して来たのであるが、その作業を通じて得た知見を手に、ここで今一度『クレイトポン』に立ち戻ることにしよう。

3　クレイトポンの要求は正当か？
――ソクラテスの沈黙の意味するもの

『クレイトポン』の内容については既に詳しく見たので、本節では『国家』第一巻の内容も踏まえ、はたしてクレイトポンのソクラテスに対する要求は正当なものなのか、それとも的外れな不当なものなのか検討することにしたい。その前に、クレイトポンの話に登場するソクラテス像がプラトンの描くソクラテス像とどの程度一致するのかについて、おさらいを兼ねて確認しておくこととしよう。

プラトンのソクラテス像と一致する点

（i）世間の人々に対する叱責と徳の勧め：これはC1とP1の比較からも既に明らかなように、基本的趣旨は同じと見てよいであろう。

（ii）ソクラテスの逆説（「自ら進んで悪を行う者はいない」という主張）とアクラシア（欲望を抑えられないこと）の否定：既に述べたように『クレイトポン』における議論は、舌足らずではあるが『プロタゴラス』（345D9–E4, 352E5–356C3）における議論の要約と見ることができるであろう。

（iii）魂の身体に対する優越と魂に配慮することの枢要性：C2がP1、P2における主張に対応していると言えるであろう。

（iv）ものの用い方を心得ることの不可欠性：C3とC4が、P3とP4に対応。

（v）ソクラテスの言説の覚醒作用：C5とP5に共通しており、既に述べたように、C5はP5の言い換えのように思われる。

以上の共通点は前半のソクラテス賛美におけるソクラテス像との共通点であるが、後半のソクラテスに対する不満と要求の部分にも、プラトンのソクラテス像との共通点を見出すことができる。

（vi）テクネー・アナロジー：C7、C8に見られる正義と医術や大工術との類比は、プラトンの初期対話篇でソクラテスが好んで用いる論法であるが、先に見た『国家』第一巻でも用いられている。例えば、ソクラテスは正義についての対話相手のポレマルコスに対して医術と料理術の例を示した上で「本来、誰に何を報いる技術が正義と呼ばれるのか」と問い、ポレマルコスから例の「味方（友）と敵に対して、利益と害を報いる技術である」との答を引き出している。[46]

（vii）正義の「成果」としての友愛：既に見たように、『クレイトポン』においても正義に固有の成果の有力な候補として「友愛」が挙げられたとされているが、『国家』第一巻のトラシュマコスに対する論駁の中でも、正義が「同じ考えをもつこと」と「友愛」をもたらすことがソクラテスによって主張され、トラシュマコスも消極的にではあるが受け入れている。[47] 正確に言えば、『クレイトポン』の中で正義の成果として「友愛」を持ち出したのはソクラテス本人ではなく仲間の一人だったとされているが、『国家』に照らしても特に問題はないと考えてよいであろう。

（viii）「敵を害し、味方（友）を益する」：『クレイトポン』ではソクラテス自身がそう答えたことになっているが、『国家』では先の（vi）にあるように、ポレマルコスである。この事実は、当然ながら、真偽問題を考える上で極めて重要になってくるポイントである。

（ix）加害の全否定：C9に明らかなように、クレイトポンの報告によれば、最初はソクラテス本人がviiiの主張をし、その後になってそれを撤回、加害の全否定を述べたことになっている。ここもまた何か極めて端折った印象を与える部分ではあるが、結論の内容だけに絞って言えば、『クリトン』[48] は勿論のこと、先の紹介では触れなかったが、『国家』第一巻のポレマルコスに対する論駁の最後でも繰り返されている主張と同じであり、[49] プラトンのソクラテスに対応していると見てよいであろう。

このように、クレイトポンが伝えるソクラテス像とプラトンのソクラテス像を俯瞰的に対照する時、我々は二人の描くソクラテス像が基本的にほぼ重なっていることを見出すのではないだろうか。このことからすれば、我々はクレイトポンが作品後半でソクラテスに対する不満を述べ、要求を突きつけている時、それが自分勝手に作り上げたソクラテスの虚像を相手とするものではなく、少なくともプラトンが描くところのソクラテス像とも合致するソクラテスに対して向けられたものと理解することが許されるのではないだろうか。それでは、はたしてその要求は正当なものなのであろうか？ ――次にこの点について検討することにしよう。

要求の正当性と不当性について

ここで我々は二つの立場に分けて考察することにしよう。すなわち、

A　クレイトポンの要求は正当である、とする立場と、

B　クレイトポンの要求は不当である、とする立場である。

先ずは、Aから。

A　クレイトポンの要求は正当である

クレイトポンの要求は、詰まる所、魂の大切さと、それを最も優れた状態にするためには徳を身につけなければならないと説くソクラテスの訴えに既に共鳴している者のために、二つのことを求めるものであった。すなわち、身につけるべき徳、例えば正義とは何であるのかを明らかにするとともに、どうすれば実際にその徳を身につけることができるのか、具体的かつできれば個別的に教えて欲しいというものであった。そして既に見たように、『ラケス』におけるソクラテス自身の言葉は、こうしたクレイトポンの要求の正当性を裏書きするものであるように思われる。今一度P6の傍線部分を引用すれば、ソクラテスはこのように述べていた。

そうだとすれば、私たちには次のこと、つまり〈徳が一体何であるのかを知っていること〉が備わっていなければならないのではないでしょうか。というのも、徳が一体何であるのかを全然知りもしないとすれば、たとえ相手が誰であれ、〈どうすればそれ（徳）をもっとも立派に身につけることができるか〉に関して、一体どうやって私たちは助言者となり得るのでしょうか。[50]

繰り返しになるが、クレイトポンの要求は以上のソクラテスの言葉に対応するものであり、その限りにおいて、正当であると言って差し支えないであろう。そしてクレイトポンの胸にわだかまる疑問は、ソクラテスは徳を賛美し勧めてはいるものの、〈徳が一体何であるのか〉をひょっとすると知らないのではないかという疑問であった。そして具合の悪いことには、他ならぬソクラテス自身がそのことを認めているのである。同じ『ラケス』の中でソクラテスは、「心(=魂)を世話することにかけて専門技術をもったものであるかどうか」を判定する基準として二つの要件、すなわち、(i)自分がその技術を教わった然るべき教師がいる、さもなければ、(ii)独学・独力で身につけ、然るべき実績がある、の二点を挙げた上で、助言を求める二人の父親を相手に次のように語る。

この私はと言えば、リュシマコスさんとメレシアスさん、まず自分自身について申しますと、そのことに関して私に先生はいませんでした。実際、若い頃以来、ずっとそのことを欲してはいたのですが。しかし、ソフィストたちに報酬を払うことはできませんでした。彼らこそ、まさに自分たちだけが私を立派ですぐれた者にすることができると公言していたのですけれども。かといってまた、自分でその技術を発見することも今に至るまでできずにいるのです。[51]

ここで述べているのはまさに「無知の自覚」に他ならないが、『ラケス』篇を始めとして対話の遂行を通してソクラテスが示しているのは、自分にその技術は無くとも、心=魂を世話することの大切さは分っているのであり、それを他の人々に説くことはできるということであろう。このことはまさにクレイトポンが舵取りの技術について指摘していたことが当たっていることを証明するものに他ならないが、問題はそれで済むかということである。

実は、ソクラテスがポレマルコスの伝統的正義論とトラシュマコスの革新的正義論を共に論駁した『国家』第一巻は、「正義とは何か」に対する答えが与えられないままに終っている。ソクラテスは自分自身の議論の導き方が不十分であったとして、次のように総括する。

> いや、食い意地の張った連中は料理が運ばれてくるごとに、前の料理を然るべく楽しむこともしないうちに引ったくっては味わおうとするものだが、まさにそれと同じように、僕もまたそうした振る舞いをしていたように僕には思えるのだ。すなわち、最初に考察していた事柄、つまり〈正義とはいったい何なのか〉を発見する前に、その問いは放り出し、正義についてそれが悪徳であり無知なのか、あるいは知恵であり美徳なのかを考察することに突進したかと思えば、その後にまた別の主張――不正は正義よりも利益をもたらすという主張――が降って湧くと、前の議論からそちらに向かうのを我慢できなかったという有り様だ。その結果、これまでの対話からいま僕が手にしているのは、何一つ知ってはいないということだけだ。それというのも、正義がいったい何であるのかを知りもしないのに、それが美徳の一つなのか、あるいはそうではないのか、またそれを具えている者は幸福ではないのか、それとも幸福なのか、について知るなんてできっこないからだ。[52]（P7）

この言葉は抑々〈正義〉が美徳と言えるかどうかまで分らないとしている点で、『ソクラテスの弁明』他で語られる「無知の自覚」の範囲を逸脱している可能性すら示唆するものであり、決して穏当なものとは言えないであろう。ヌスバウムはそのアリストパネスの『雲』について論じている論文の中でこの点に言及し、次のように述べている。[53]

仮に『国家』の残りの部分（二巻から十巻）が後に続くことが無かったとするならば、ポレマルコスは正義について一体どんな考えをもっただろうかと、人は訝るのである。[54]

このような危惧に対して、プラトンの『パイドロス』の一節を挙げて、それが杞憂に過ぎないとする見方もある。[55] その一節とは、ソクラテスがエロース論の「歌い直し」(palinōdia) を終って、改めてエロースの赦しを乞う場面である。ソクラテスは言う、

もし以前の話の中で、パイドロスと私が何かあなたのお気に触るようなことを申したとしましたら、その話の父親であるリュシアスを責めて、そのような話をすることを止めさせてください。そして彼の兄のポレマルコスがそうしたように、哲学に向かわせてください。[56]

仮にここでソクラテスが述べているように、ポレマルコスが哲学に向かったことが事実である

とすれば、それは『国家』第一巻の後でなければならないであろう。というのも、我々が見たように、第一巻に登場するポレマルコスは、詩人シモニデスを持ち出して、いわば「権威による論証」によって伝統的正義観を無批判的に擁護する存在に過ぎず、とても哲学的思考の持ち主のようには思えないからである。もしそうだとすれば、第二巻以降の話を知らない段階でのポレマルコスについては、ヌスバウムの危惧は説得力があるのではないだろうか。

B　クレイトポンの要求は不当である

これに対して、クレイトポンの要求は不当であると見る立場として、以下の二つが考えられそうである。すなわち、

B1　クレイトポンの要求は、ソクラテス的な意味における「哲学すること」を全く理解していないことに基づく無い物ねだり、見当違いの要求である、と見る立場。

B2　ソクラテスは、クレイトポンの要求に応えている、との立場。

（i）B1について――先ず、B1について見ると、これは自分の使命は産婆の役割を果たすことにあるとの『テアイテトス』における説明[57]を根拠に、クレイトポンの要求を全くの無理解に由来するナンセンスとして斥ける立場である。つまり、自分自身で力の限り探求することもせず、ソクラ

テスが「模範解答」を皿の上に載っけて出してくれるのを指をくわえて待ちつづけるというクレイトポンの姿勢がそもそも間違っているのであり、この立場からすれば、ソクラテスが沈黙したままクレイトポンの要求に対して何も答えないままに終ったのも当然ということになる。[58]

しかし、クレイトポンが自分で努力することなく、ひたすらソクラテスが答を与えてくれるのを待つだけと見るのは適切ではないように思われる。というのも、クレイトポンが自分の要求を明確化するために最後に持ち出している医者やトレーナーの例で言えば、彼らの助言を実行に移すのはあくまでもクレイトポン本人だからである。またその例に触れたところでも述べたように、クレイトポンが求めているのは自分の体質に応じた具体的かつ個別的な助言でもあるが、しかしそれは健康という普遍的目的を実現するためであり、その場合、目的としての〈健康〉とは何かについて、お互いの間で共通の理解が成り立っているものと想定される。従って、正義を核とする徳についても、クレイトポンとしては、〈健康〉同様に目的としての〈正義〉とは何かを明らかにするとともに、どのようにすればクレイトポンがそれを実現することができるかについての助言を求めているのだと考えられる。

この場合、クレイトポンは自分が〈正義〉とは何かを知らないという、まさに「無知の自覚」をもっている筈であり、彼としては自分が目指すべき正義の峰が何であり、またどのようにすれば自分はそこまで到達することができるのかを是非とも知りたいと願っているのではないだろうか。言うまでもなく、頂上目指して一歩一歩登っていくのは本人の仕事であるが、しかし山登りの初心者に対して闇雲に「人に頼るな、自分の脚で登れ！」と叱咤するだけでは不十分なのではないだろうか。あるいは途中で懐疑の霧に巻かれて足を踏み外して、谷底深く転落してしまうかも知れないのである。第二章で検討することになる『国家』第七巻で展開される論駁ゲームの深みに嵌って絶望する若者たちについての記述と、それを踏まえて導入される謂わば論駁法学習の「成人指定」は、[59] この喩えが決して荒唐無稽なものではないことを示唆するものであろう。

さらにクレイトポンの名誉のために一点付け加えると、『国家』第一巻までに話を限定するならば、ポレマルコスのみならず、二巻以降で相手役を務めるグラウコンとアデイマントス兄弟も〈正義とは何か〉について答を与えられているわけではないのであり、第二巻冒頭のグラウコンの言葉は、実質上、クレイトポンの要求と同じと見ることも許されるように思われる。が、この点に関しては真偽問題について論じるところで、改めて取り上げることとして、次のB2の検討に進むことにしよう。

(ii) B2について——次にB2についてみると、この立場をとる代表としてクセノポンを挙げることができるかもしれない。クセノポンは『ソクラテスの思い出』の第一巻第四章で、あたかもクレイトポンの批判と要求を意識しているかのように、こう書いている。

仮に若干の者たちが彼（ソクラテス）について書きかつ推測に基づいて主張しているように、ソクラテスは人びとを徳へと説き勧めること（protrepsasthai）には最も優れていたけれども、それへと導くことに関しては力が足りなかったと見なす者がいるとすれば、以下のことを精査した上で、彼がその仲間をより優れた者にする力があったかどうか判断させるべきである。すなわち、彼が何でも知っていると思い込んでいる者たちの勘違いを正すためにどのようなことを問い質して論駁したのかということのみならず、彼が共に時を過ごしていた者たちにどのようなこと語りかけながら一日を過ごしていたか、についても精査した上で。[60]

その好例としてクセノポンが持ち出すのは、アリストデモスという名の、「神々に犠牲も捧げなければ、予言を用いることもなく、そうしたことを嘲笑している」ような男、つまり不信心で凡そ宗教的な敬虔さを欠いた人間を、ソクラテスが対話を通じて「回心」させることに成功したという話である。プラトンの『饗宴』（173B1–4）によれば、アリストデモスはソクラテスの熱烈な崇拝者でソクラテスの真似をしていつも裸足だったとされるが、それが事実だとすれば、このクセノポンが伝える出来事が転機となったのかも知れない。ではどのようにしてクセノポンのソクラテスは、不信の徒を説得することに成功したのであろうか。

ソクラテスは先ず、人間の感覚器官から初めて、人体が神々の摂理に基づいて如何に合目的に創られているかにアリストデモスの目を向けさせる。すなわち、目について言えば、目を保護するための覆いとしての瞼に、埃から護る睫毛、さらには汗が目に入るのを防ぐ眉毛が備わり、また歯については、物を噛み切るための前歯と擂り潰すための奥歯があり、物を食べるための口は目と鼻の近くにあり、他方、排泄器官は反対側の遠くに配置されていることなどを指摘する。そして人間のみが直立可能とされるとともに手を与えられ、言語による意思疎通もできるようになったこと、また優れた頭脳（psȳchē）を与えられたおかげで飢えや渇きや暑さ寒さも凌ぐことができるようになったことを列挙して、かくも人間に格別の配慮をしてくれている神々を崇敬すべきことを説くのである。と同時に神々は全知全能であることも強調する。クセノポンは以上の話を紹介した上で、次のように結論している。

この私に思われるところでは、以上のことを語ることを通して、彼（ソクラテス）は仲間をして、人びとに見られている時にだけ不敬虔で不正で醜いことをしないようにさせただけでなく、一人だけの時にもしないようにさせたのである。何故なら、彼らは自分たちのなすことの何一つとして神々の目をごまかすことはできないと考えたからである。[61]

以上の一節におけるソクラテスの議論は、人間の諸器官の合目的性及び人間以外の動物との比較において人間のみに与えられた特権的地位――Die Sonderstellung des Menschen im Kosmos――を根拠として、神々とその摂理の存在を強調するものであり、それなりの説得力を持つと見ることができるであろう。ただ問題は、はたしてそれを以て、クレイトポンの要求に答えたことになるかということである。

このエピソードで主題とされている徳は宗教的な徳、すなわち敬虔ということになるであろうが、クレイトポンが求めているのは、超越者との関わりにおける徳ではなく、社会の中での対人的なそれであるように思われる。彼自身が求めているのは「正義とは何か」であり、なるほど〈徳の一性〉テーゼに立てば、敬虔の徳を具える者は自ずと正義の徳も具えているということになるのかもしれないが、そうした前提に立たない限り、このアリストデモスに対する議論をクレイトポンに対する回答と見なすことはできないように思われる。それに抑々、クレイトポン自身は、その政治的軌跡から見ても、以上のソクラテスの主張については、言われるまでもなくすべて同意したのではないだろうか。

それでは、プラトンについてはどうであろうか。勿論、『国家』の第二巻以降も含めた全巻が『クレイトポン』よりも前に書かれたと見る立場に立てば、「正義とは、各人が自分の務めを果たすことである」との答が明確に示されていることになるであろうが[62]、『クレイトポン』が第二巻以前に書かれた、あるいは『クレイトポン』の著者は第二巻以降を知らなかった、もしくは読んでいなかったとすれば他の候補を探すしかないであろう。

ではどの作品か？——候補として考えられるのは、『クリトン』と『ゴルギアス』の二篇を措いてはないように思われる。何となれば、この二つの作品に登場するソクラテスは『ラケス』や『国家』第一巻に典型的に見られるような仕方、つまり、自身の答えを与えること無くアポリアのまま幕を引くことはせず、断固として自説（ロゴス）を主張し、それに従って行動すべきこと（エルゴン）を説いているからである。

先ず脱獄の拒否で有名な『クリトン』について見れば、報復も含めた加害の全否定、いかなる場合にも不正を加えてはならないという行為原則が『クリトン』で展開されるソクラテスの脱獄否定論の根本を成していることは確かである。行為の三段論法風に書けば、次のように表せるであろう。

大前提：　人は、いかなる場合にも不正を加えてはならない。
小前提：　ソクラテスが脱獄することは、法律（ノモイ）と国家（ポリス）に不正を加えることである。
結論：　故に、ソクラテスは脱獄してはならない。

ここで問題になるのは、そこに登場する擬人化された法律と国家が提出する議論が専ら小前提が成り立つことを論証しようとするものであって、大前提自体は、それ以前に長い時間をかけてソクラテスとクリトンの間で合意されて来たと語られていることである[63]。ということは、大前提の妥当性についても議論が重ねられ、それを通じてソクラテスが加害もしくは不正を全否定すべきことを論証したものと推測される。しかし残念ながら、その論証は『クリトン』の作品外に置かれているため、それがどのようなものであったか読者は知ることはできない。そこでその空白を埋めるものとして期待されるのが、『ゴルギアス』である。

周知の如く、『ゴルギアス』における議論の中で、ソクラテスは「不正を加えること」と「不正を加えられること」を対比し、「不正を加えることの方が不正を加えられることよりも悪い」ことを主張し、その論証に努めている。[64] この議論を、『クリトン』では作品の外に置かれている論証を補完するものと見ることができるかも知れないが、ここで重要なのは、『ゴルギアス』においても論証されるのは〈不正〉を加えることの否定であって、〈正義とは何か〉が主題的に問われているわけではないという事実である。それとも、〈不正〉と〈正義〉は対称的であって、〈不正とは何か〉が判明すれば、即〈正義とは何か〉も判明するのであろうか？ ところが、不都合なことには、実は『ゴルギアス』において、〈不正とは何か〉という問いは、定義レヴェルでは問われていない。

興味深いことには、「不正を加えること」と「不正を加えられること」のどちらが善いか悪いかをめぐって真っ向から対立するソクラテスとポロスであるが、〈何が〉つまり〈どういう行為が不正か〉、という具体的なレヴェルに関しては、議論抜きで一致しているように見える。というのも、ポロスは不正の権化とも言うべきマケドニアの独裁者アルケラオスを生きた見本として取り上げながら、その不正行為の例として「正当な王位継承者でないのに、王位を簒奪したこと」「嘘をついて人を騙したこと」「無実の人間を殺したこと」などを挙げているが、ソクラテスもそうした例示に関しては何も異議を唱えてはいないからである。この事実は、〈何が不正か〉に関して両者の間に共通理解が成り立っていることを示すものであり、その限りにおいては〈不正とは何か〉という定義レヴェルでの what-question は立てられていないことを物語っている。そこでの議論のレヴェルは『ヒッピアス大』で言えば、〈美とは何か〉というソクラテスの問いに対して「美しい乙女である」と答えるヒッピアスのレヴェルに留まっているとも言えるであろう。[65] そしてその日常的な理解の地平の上で、ソクラテスはポロスを始めとする人々に対して、魂の健康のために不正を犯すことの無いよう説き勧めているのだと考えられる。従って『ゴルギアス』もまた、一つのプロトレプティコスすなわち「徳の勧め」であり、最も力強く読者の心に訴えかけるものではあっても、やはりクレイトポンが期待する「それから？」に答えるものではないように思われるのである。

　以上、我々はA、Bのそれぞれについて検討して来たのであるが、筆者としてはクレイトポンの要求を正当な要求と見なしたく思うのである。

4　真偽問題

最後に我々は、いよいよ「誰が書いたのか？」という謎に挑戦することにしよう。とは言うものの、この謎を説くことがいかに至難の業かは、この短編の研究におそらくはこの世の誰よりも長く携って来たスリングズ自身が、ほぼ同様の論点の検討から正反対の結論を導きだしている——何れの場合も「躊躇いを覚えながら」としてはいるが——事実からも察することができよう。[66]にもかかわらず、このシュライエルマッハー以来の難問に筆者なりの暫定的解答を提示して、第1章を閉じることとしたい。先ずは真作説から検討することとしたい。

真作説

プラトン自身によって書かれたと見る主な解釈者は、グロート、グルーベ、ガスリー、イクセム、ブリュンネッケ、スリングズ2などである。スリングズに関しては、他の解釈者による真作説と偽作説を紹介した上で、その偽作説から真作説への「転向」について検討することとしたい。先ずグロートは、トラシュロス[67]が編纂したプラトン著作集で『クレイトポン』が『国家』の直前に置かれている理由として、『国家』が「クレイトポンの挑戦に対する回答であるとともに、ソクラテスを捨ててトラシュマコスの許に走ると脅しているクレイトポン自身に対する非難でもある」と見なされ得ることを指摘している。[68]

その上で、シュライエルマッハー他の評家によって偽作と見なされて来たことに触れ、次のように反対している。「私はこの見解を支持するいかなる根拠も見出さないし、この対話篇は真作であると思うものである。仮に、どうすれば我々はプラトンがソクラテスに対してかくも挑発的な論争――強力で答えられないままの――を書き上げることを想像できるのか、と問われるならば、――私としてはこの作品は『パルメニデス』程には驚くに値しないと答える。[69]」と。

この『パルメニデス』を引合に出して真作説批判を躱す論法は、グルーベやガスリーなどによっても採用される方法であり、いわば「自己批判説」と呼ぶことが出来るであろう。グロートの解釈でこの主張以上に興味深いのは、次のような推測である。すなわち、『クレイトポン』はプラトンの作品ではあっても、「スケッチもしくは決して完成されることの無かった断片」に過ぎず、プラトンの生存中に出版されることのないまま原稿の山に埋もれていたのが、死後になって発見され、アレクサンドリアの図書館が建設される時にプラトンの他の写本と一緒に運ばれたのであろうとの推測である。[70]

またソクラテスの沈黙、すなわち、「クレイトポンの尊敬の念に充ちてはいるけれども、それにしても強烈な要求に対する答」が与えられていない理由についても、ユニークな解釈をしている。曰く、「ソクラテスに対する訴えが余りにも強力になされたので、プラトン自身が自分の満足のいく仕方でそれに答えることができたかどうか、私は怪しむのである。」と。[71]

次によく言及されるグルーベであるが、グルーベもまた「自己批判説」の立場から偽作説を斥けている。ただグロートとは異なり、未完の断片と見なすことには慎重である。

グルーベは、『パルメニデス』におけるイデア批判も『クレイトポン』における「徳の勧め」批判も完全に答えられるような性質のものではなく、それらに続く作品の中で部分的に答えられているに過ぎないとすれば、未完などでは全くない可能性も有るとしている。[72] とすると、『クレイトポン』が突きつけている問いに部分的にせよ答えている作品は何かということになるが、グルーベはグロートと同じく、それは『国家』であると見る。グルーベは、「グロートは『国家』が『クレイトポン』に対する答だと見なしている。このような問題について絶対的な確実性は不可能であるが、しかし私は我々の著者が『国家』第一巻を目の前にしていたと、確信している。」と述べた上で、『クレイトポン』の執筆時期として最も可能性が高い時期は、第一巻の後で、『国家』のそれ以外の巻の前である。」と結論している。そしてその理由として、「第二巻もまた、ソクラテスに対する激しい批判で始まっている」ことを挙げている。[73]

また浩瀚なギリシア哲学史の著者として有名なガスリーは真作と断定しているわけではないが、偽作説の論拠――プラトンがこのように厳しいソクラテス批判を行う筈がないとの既に見た主張や、ソフィスト的なわざとらしさやレトリックの名残が見られるとの主張――を斥けた上で、「もしこの短編がプラトンによるものであるとするならば、それは多くの研究者が考えたように未完成である必要は全くない。それはアポリア的な対話篇なのであり、このアポリアはソクラテスがプラトンに遺贈し、プラトンはそれを解くためにその人生を捧げたのである。」と述べている。[74]

以上は英米系の解釈者の見解であるが、シュライエルマッハーが真作性に疑問を呈して以来この作品についての長い研究史を誇るドイツでは、イクセムがいち早く真作説を主張している。実はこのイクセムの論考で筆者が入手し得たのはリプリント版のみであり、頁の脱落や文字が潰れている箇所も多く、概要を知り得たのみであるが、基本的にはトラシュロスとディオゲネス・ラエルティオスに依拠して真作説を主張するに留まり、ルーチニックも指摘するように[75]、内在的な根拠には乏しい印象を受ける。むしろ、注目されるのは、『クレイトポン』と『国家』の緊密な結びつきを強調している点であろう。彼は言う、「以上からの結論は以下の通りである。すなわち、この対話篇は真作である。『国家』三部作（筆者註：『国家』『ティマイオス』『クリティアス』の三作を指す）への導入として、不可欠と言ってもよいぐらいである。これをどこか他の場所に持って行くことは不可能である。プラトン自身が、そのように配置したに相違ない[76]。」と。そして、「『国家』は、クレイトポンがソクラテスに突きつけた課題に対する解答である[77]。」とまで言い切っている。

次にブリュンネッケによれば、イクセムに続いてデュムラーやヨエルが真作説を主張したとされるが[78]、文献を入手するのが困難なため、入手できたブリュンネッケの主張を紹介すれば以下の通りである。すなわちブリュンネッケは、この作品の標的そのものをプラトンの描くソクラテスではなくアンティステネスであると取り[79]、プラトンはその見かけ倒しの大袈裟な「徳の勧め」をクレイトポンの口を借りて徹底的に批判しているのだとする。そして出だしでは「ソクラテス」実はアンティステネスがクレイトポンを告発弾劾しているように見えるが、最後には攻守所を変え、そのソクラテスの仮面を被った説教者＝アンティステネスが弾劾されているのであり、その似非ソクラテスが答えようもなく沈黙したままに終るのは当然の帰結だとしている。[80]

以上、我々は代表的な真作説について見て来たのであるが、次に偽作説について検討することにしよう。

偽作説

最初に、真贋論争の火付け役となったシュライエルマッハーの説から見ることにしよう。

シュライエルマッハーは、そもそも作品の出だしからしてソクラテスらしくないとして「ソクラテスがクレイトポンに――その場にはクレイトポンしかいないとされているのだが――三人称で話しかけ、(自分に対する) クレイトポンの不当な扱いに対してそのような仕方、――つまり、クレイトポンがソクラテスに向かって、ソクラテスが気にしているのは見え見えだということができるような仕方――で文句を言うといった出だし自体、それだけで既に全く非プラトン的である。」[81]と主張し、「この対話篇は選りすぐりの弁論家集団に由来し、全体としてその矛先はソクラテス並びにプラトンも含めたソクラテスの徒に対して向けられている」ものと見ている。[82]

シュライエルマッハーの後には、アスト、ズーゼミール、リッターなどドイツの著名な文献学者が続いたとされるが、[83]英米圏ではテイラーの名を挙げることができるかも知れない。もっとも、ガスリーも指摘するように、テイラーには真作視したい気持もあるようであるが。

テイラーは、とりあえず『第二アルキビアデス』や『恋いがたき』『テアゲス』などの偽作グループに『クレイトポン』も含まれるとしている。しかし、『クレイトポン』だけ別扱いにして、「その文体と生き生きとした感じはプラトンにふさわしくないものではないし、私の思うところでは、その著者が確立しようと目指している論点が重要であると同時にプラトン的でもあるとする見方にも一理あることを理解することができる。」と述べている。[84] とは言いながら、そのすぐ後にはプラトンが自分自身の作品を厳しく批判することは考えにくいとの、「自己批判説」を採る解釈者たちが批判する例の論拠を持ち出しているところから見ると、かなり迷っているようである。そしてテイラーが迷いながらもこの作品に深い関心を持ち続けたであろうことは、後に加えられた附論で改めて『クレイトポン』を取り上げ、より詳しく論評していることからも窺える。その詳細は省くが、彼はそこで次のように結論している。

この著者がプラトンでないことは、彼が『国家』『エウテュデモス』『プロタゴラス』に明らかに依存していることによって証明されているように見える。私が見る限りでは、プラトンが書いたことを認めるのを妨げるような言葉の上での難点は見つからないようではあるが。したがって、私としてはこの作品を（前）四世紀のアカデメイア派の誰かの手に帰したいと思う。[85]

より最近ではロウなどがいるが、[86] 省略して、最後に偽作説（スリングズ1）から真作説（スリングズ2）に「転向」したスリングズの見解を取り上げて、その難しさを検証することとしたい。

スリングズは『クレイトポン』について刊行した二つの註解の中で真偽問題を扱う際、真作説と偽作説それぞれの論拠を整理して示しているが、そこでリストアップされている論拠は、二つの版でほぼ同じである。多少、ケンブリッジから出版された版の方が書き足された部分はあるものの、後で触れる一点を除き、実質的には大差ないとみてよいであろう。スリングズが挙げる真作派、偽作派両陣営の論点は以下の七つである。その内の最初の三つが真作説の論拠であり、残りの四つが偽作説の論拠である。通し番号順にその要点を列挙すれば、以下の通りである（ケンブリッジ版から引用する）。

真作説の論拠：

（1）『クレイトポン』は完全にプラトン的観点から書かれている。それはプラトンがそうしているのと全く同じ理由から、あからさまな徳の勧め（explicit protreptic）を拒否する（とともに、プラトンの対話篇を推奨している）[87]。

（2）『クレイトポン』の言葉遣いには、偽作である徴として用いられ得るような点が殆ど見受けられない[88]。

（3）『クレイトポン』はプラトンの作品の一つとして伝承されて来たのであり、少なくとも前三世紀の末には、プラトンの著作集成に含まれていた[89]。

偽作説の論拠：

（4）著者は他のソクラテス物に甚だしく依存している。したがって、ジゴンがそう呼んだように、『クレイトポン』を「寄せ集め」（cento）と呼んだとしても、おそらく行き過ぎではないだろう。[90]

（5）自分のものではない素材（foreign materarial）が組み込まれていることは別にしても、そうした素材が往々にして拙劣な（clumsy）仕方で文脈に嵌め込まれているのは、プラトンの叙述の流儀と合致しない。[91]

（6）『クレイトポン』は、一見したところ、ソクラテスに対する攻撃を含んでいる。（中略）グルーベとガスリーは『パルメニデス』における批判を引き合いに出しているが、若きソクラテスが高齢のパルメニデスによって好意的な仕方で欠点を指摘されているのに対して、ここでは老ソクラテスが年下のクレイトポンによって皮肉られ、容赦なく攻め立てられている。本当にプラトンは、「味方（友）を益し、敵を害することが正義である」との見解をソクラテスに帰したのであろうか（傍線は筆者）。[92]

（7）仮にクセノポンが実際に『クレイトポン』から引用しているとすれば、――私はその可能性が高いと思うのだが――『若干の者たちが彼（ソクラテス）について書きかつ――推測に基づいて――主張しているように』という彼の表現は、彼（クセノポン）が我々の対話篇をプラトンの作品だとは見なしていなかったことを示唆するものかも知れない。[93]

以上の七点を列挙した上で、スリングズはそれぞれの主張について双方の観点から吟味する必要があるとして、次のように論じている。

先ず真作論者が指摘する（1）、（2）については、偽作論者は「『クレイトポン』はプラトンにとても近い誰かによって書かれたと想定しさえすれば」容易に対処できるとしている。（3）についても同様に、「聡明な弟子を想定する者にとっては何ら問題ではない」としている。[94]

他方、偽作論者が指摘する（4）に関しては、真作論者もプラトンが「一回だけ」、寄せ集め（cento）や短編形式を採用するとともに、プラトン自身の他の作品から借りて来ざるを得なかったことは認めなければならないとしながらも、他の偽作とされる作品群（Dubia）とはその借用の仕方が異なることを強調している。[95]

（5）の「拙劣さ」或いは「ぎこちなさ」の指摘に対しては、『クレイトポンが「急いで」書かれたものであり、その後、推敲されることのないままに放置されたと考えれば斥けられるとしている。[96]

（6）に関しては、自己批判の故に『クレイトポン』を偽作と見なすのであれば、『パルメニデス』までも偽作と見なさなければならなくなるとしている[97]（ここでは、グルーベとガスリーに対する反論――『パルメニデス』と『クレイトポン』の対話状況の差違の指摘――は無視されている）。

（7）のクセノポンに関係する指摘については、真作論者が提出し得る複数の反論可能性を挙げているが長くなるので割愛し、以上の吟味からスリングズが引き出している結論に移ることにしたい。[98]

既に述べたように、以上の七つの論点は基本的に学位論文とケンブリッジからの単行本に共通しているのであるが、個々の論点の評価とそこから引き出された結論は正反対になっている。

先ず学位論文ではこのように書かれている。

> 私は以上の二つの立場のあいだでの選択については、喜んで読者の手に委ねたいと思う。しかし、もし読者がこの短編の研究に幾年かを費やして来た者の見解を尊重してくれるとするならば、私としては、（1）から（3）の論拠はとても強力だと思うけれども、（4）から（7）の点を説明するために必要とされる仮説は、（1）から（3）についての説明――それはもし真作であることが否定されるならば与えられる――に較べて些か弱いと言わざるを得ない。それ故、躊躇いながら、また些か気後れを感じながらではあるが、私としては『クレイトポン』はプラトンによって書かれたのではなく、プラトンにとても近くて聡明な弟子によって書かれたのだと結論する。この弟子は、哲学的文学についての彼の師の理想を世に広めたいと望んだのである。[99]

これに対して、ケンブリッジ版では次のように結ばれている。殆ど同じであるが、敢えて対応箇所の全てを引用する。

私は以上の二つの立場のあいだでの選択については、喜んで読者の手に委ねたいと思う。しかし、もし読者が中断を挟みながらも過去三〇年にわたってこの短編とともに生きて来た者の見解を尊重してくれるとするならば、私は次のように言わざるを得ない。すなわち、『クレイトポン』の意図するところに関して私が全く見当違いをしていないとするならば（とはいえ、（2）に関しては、まだ説明されないままであるが）、（1）から（3）を論破するために必要とされる議論――聡明な弟子――は、全く無力かつ疑わしい。それに対して、（4）から（7）の議論に反撃することは、さほど多くの困難を伴わずに可能であろう。真作であることに対する反論として私が本当に深刻だと見なす論点は（5）と（6）だけである。しかし、私が思うに、それらは聡明な弟子という想定よりは問題が少ないであろう。それに加えて、（5）と（6）は、かなりの程度までお互いに打ち消し合うと言ってもよいであろう。すなわち、クレイトポンの攻撃の拙劣さを強調すればするほど、ソクラテスが実際に損なわれる程度は減少するのである。

換言すれば、（1）から（3）の論点を説明するために必要とされる仮説は、（4）から（7）についての説明――それは真作であることが承認されれば与えられる――に比較すると、とても無力で雲を摑むようなものである。

それ故、躊躇いが無いわけではないが、私は『クレイトポン』をプラトンの真作であるとして受け入れるものである。私は序で述べたことを繰り返すけれども、この対話篇がもつ意味に較べれば、真偽問題は些細な問題であると考えている。[100]

率直に言ってかなり無理している印象を受けるが、何れの版においても「躊躇い」があることを表白している事実は、真偽問題に結着をつけることが如何に難しいかを物語るものである。最後に、敢えて筆者の見解を述べて第一章の結びとしたい。

結論から言えば、筆者は偽作説の立場を取る。その主な理由は以下の二つである。

一、スリングズのケンブリッジ版の（6）の傍線部でも伝統的正義観、すなわち「味方（友）を益し、敵を害すること」がやや唐突に付加されていることを見たが、『国家』第一巻でポレマルコスが提唱してソクラテスに論駁されている正義観が、『クレイトポン』においてはソクラテスの当初の主張だとされている点がやはり最大の「躓きの石」であると思われる。

ひょっとすると真作論者は、この初歩的な誤りをクレイトポンの不正確さ、記憶力の悪さを描くためにプラトンが意図的に仕組んだのだと主張するかも知れないが、その場合には、何故にプラトンが最初の場面に登場するソクラテスまで矮小化して描く必要――つまり、頭が悪く見込みの無いクレイトポンの評価を気にかけるといったこと――が有ったのか、が問題になるであろう。

二、先にも述べたように、『クレイトポン』においてはトラシュマコスの思想傾向については何の情報も与えられていないのであり、トラシュマコス対ソクラテスという対立軸が意味を持つためには、『国家』第一巻に関する予備知識が不可欠である。仮にプラトンが作者だとすると、自分が書いた作品の内容を不正確に再現したことになるが、その可能性は低いであろう。一で述べた反論の可能性についても、そこで指摘したようにクレイトポンだけでなくソクラテスまで巻き込むことになることを考えれば、あり得ないと見てよいであろう。それよりはむしろ、「プラトンに近い聡明な弟子」を考える方がベターなのではないだろうか。

あるいはグロートが想像したように、『国家』第一巻の前に既にプラトンが走り書きしたという可能性についても、トラシュマコスについての情報が与えられるのが第一巻を通してだけであることを考えれば難しいと思われる。また、第二巻冒頭のグラウコンの言葉から見ても、『クレイトポン』は『国家』第一巻を読んだことのあるプラトン以外の誰かによって、第二巻の前に書かれたと見るのが妥当であるように思われる。この点では、グルーベの見解に賛同するものである。

5　クレイトポンの生の軌跡

以上、我々は作品としての『クレイトポン』について検討してきたのであるが、それでは、その後のクレイトポン本人はどうなったのであろうか。はたして彼は最終的にソクラテスに愛想を尽かし、トラシュマコスの信奉者としてその後の人生を歩んだのであろうか。ここで我々は遺された史料を基に彼の生の軌跡を辿ることを通して、はたして彼がソクラテスによって「堕落」させられたかどうかを探ることにしよう。

既に見た二つの作品以外に、クレイトポンの名前が登場する史料としては二つ有る。すなわち、アリストテレス（前三八四年–前三二二年）の『アテナイ人の国制』と、アリストパネス（前四五〇年頃–前三八六年頃）の喜劇『蛙』の二篇である。

アリストテレス『アテナイ人の国制』から

先ず、『アテナイ人の国制』について見れば、クレイトポンの名前が登場するのは、前四一一年の政変についての記述の中においてである。その二年前に起きたニキアス率いるシケリア（シシリー島）遠征軍[101]の敗北と壊滅という一大ショックの後、アテナイでは従来の民主制に代わって「四〇〇人の国制」と呼ばれる新体制が樹立されるに至った。その際、民会に提出された動議を起草したのはピュトドロスという人物だったが、クレイトポンはその案に追加動議を出したとされる。その部分の記述を引用すれば、以下の通りである。

（二）ピュトドロスの決議案は以下の通りであった。「民会は既存の先議委員一〇人に加え、あらたに四〇歳以上の市民から二〇人を選出すべし。彼らはかならず国家のために最善と考えることを

> 起草する旨宣誓した上で、国家救済策を起草せよ。また〔これら三〇人の全権起草委員が〕すべての提案から最善策を選び取れるように、他の市民でも希望する者は提案を許されるべきこと」（三）クレイトポンはこのピュトドロス案に追加動議を出し、選ばれた者たちはさらに、クレイステネスが民主政（dēmokratia）を樹立しようとしたときに制定した父祖の法を探し出し、それらも考慮に加えて最善策を評議するようにと提案した。それはクレイステネスの国制が大衆政治的（dēmotikē）ではなく、ソロンの国制に近いとの理由からであった。（傍線は筆者）[102]

この記述の中で解釈上問題になるのは、一方でクレイステネスが「民主政を樹立しようとしたとき」と言われ、他方で「クレイステネスの国制が大衆政治的ではなく、ソロンの国制に近いとの理由から」と述べられている点であるが、フクスはこの点に関連して次のように述べている。

> 四一一年までには（もしかするとそれ以前に）穏健派は次の事実を認識していたように見える。すなわち、クレイステネスの国制は前五世紀末の政治において一般的だった意味では民主的ではなく、彼ら（穏健派）の目指す国制がそれをモデルとして形成され得るようないくつかの特徴を備えているということをである。また、ここに彼らは民主派に対して用いることができるような党派政治向きのプロパガンダのための武器を手にしたのである。もしこの推測が正しいとすれば、ソロンへの言及（Solon clause）もクレイトポンの追加動議と両立するように思われる。その言及はクレイ

トポンが動議を提出した動機を説明するものである。[103]

とすると、ソロンの国制がどのようなものだったのかが問題になるが、フクスはアリストテレスの『政治学』を引いて、ソロンの業績について、以下の二つの対立する見方があったことを紹介している。その一つはソロンが「優れた立法者」であったとする者たちの立場で、彼らが高く評価した理由は「ソロンが無制限な寡頭制を廃止し、人びとを解放し、父祖の民主制を確立するとともに国家の様々な構成員を巧く混合した」ことにあったとされる。[104] もう一つはソロンを批判する者たちの見解で、「彼らは、極端な民主主義および、民衆法廷の創設によってアテナイの国制の非‐民主制的な要素を完全に破壊し去ったことについて、ソロンに責任があるとした」とされる。[105] ここで我々にとって重要なのは、フクスが前者の立場をテラメネス一派の見解及び後の穏健派の伝統と全般的に合致すると見ている点である。[106] ということは、クレイトポンにも当てはまるということに他ならない。と言うのも、少し先で見るように、クレイトポンとテラメネスは盟友と見なされていたらしいからである。また、『アテナイ人の国制』についての浩瀚な註釈書を著したローズも、クレイトポンが本気だったかどうかについては判断を保留しているものの、クレイステネスに関する彼の見解は正しいとして、次のように述べている。

クレイトポンの追加動議のポイントは、クレイステネスの「民主主義」の方が五世紀末の民主主義よりも優れているという点にある。[107]

以上からすれば、動議の中でクレイトポンが保守的な響きを持つ「父祖の法」の尊重を説いたとされてはいるものの、このことはクレイトポンがクリティアスのような過激な寡頭制主義者でもなければ従来の極端な民主制の支持者であったことを意味するものでもなく、その政治的スタンスが中間派的な比較的穏健なものであったことを示唆しているようである。そしてクレイトポンの名が再び言及される箇所における記述は、この推測を裏付けるものであるように思われる。アリストテレスは言う、

(三) アテナイ人は今後父祖の国制に従って統治を行うという条件で和議が結ばれると、民主派は民主政の存続を図ったが、他方名望家たちの中で徒党を組んでいる者や和議の後帰国を果たした亡命者らは、寡頭政を熱望した。他方、いかなる徒党にも属していないが、それを別にすればどの市民にも引けを取らないと思われていた人々は、父祖の国制を求めていた。アルキノスやアニュスやクレイトポンやポルミシオスその他多くがこの派に属していたが、中でも頭目たる地位にいたのはテラメネスであった。(傍線は筆者)[108]

ここでは場面が既に転換し、アテナイがラケダイモンに敗北して和議を結んだ後の国制のあり

方を巡る争いが語られているが、ここにおいてもクレイトポンたち「父祖の国制」を求める勢力は、民主派にも寡頭派にも属さない第三のグループとして位置づけられている。少なくともこのグループ分けから見れば、クレイトポンを穏健な中間派もしくは中道派の一人と見なしてよさそうである。そしてこの引用の最後でテラメネスの名前が挙げられているが、実は次に見るアリストパネスの喜劇において、まさにクレイトポンはテラメネスと並べて揶揄されているのである。

アリストパネス『蛙』から

次に第二の史料であるアリストパネスの喜劇『蛙』に目を移すと、意外なことにその中でクレイトポンの名前を口にするのは、三大悲劇詩人の一人であるエウリピデスである。この喜劇は、酒神ディオニュソスが他界したエウリピデスを連れ戻すために奴隷のクサンティアスをお供に英雄ヘラクレスの扮装をして冥界に赴くという一種のドタバタ劇であるが、この作品で有名なのはその後半部におけるエウリピデスとアイスキュロスの舌戦、すなわち、どちらの方が優れた作家かという点を巡る論戦である。皮肉なことに、エウリピデスを連れ戻すつもりだったディオニュソスはアイスキュロスに軍配を上げ、こちらをこの世に連れ戻すことになるのであるが、その舌戦の中でクレイトポンの名前が挙げられる。劇中のエウリピデスはアイスキュロスと自分の「弟子」を比較して、次のように自慢する。

この男（アイスキュロス）とわたしの弟子たちがそれぞれどういう人間か、よく見分けられるだろう。これのは、ポルミーシオスと、間抜けなメガイネトス、喇叭槍髭男たち、嘲り笑いの松曲げ野郎。だがわたしの弟子は、クレイトポーンに、切れ者のテーラメネース。[109]

この発言に対するディオニュソスの応答を見ても、ここで重要なのはむしろ先の『アテナイ人の国制』で「頭目」とされていたテラメネスのようであるが、テラメネスについてのディオニュソスの人物評はクレイトポンにも当てはまりそうである。すなわちディオニュソスによれば、テラメネスは「何かにつけ賢い、抜け目のないやつ」であり、ピンチになっても何とか切り抜ける才覚の持ち主と評されるが、両者とも「私の弟子」とされていることからすれば、クレイトポンも同様の才覚を持った人物だったと見てよいであろう。[110] この変わり身の速さとでもいった特性は、実は残りの二人、アルキビアデスとアリスティッポスにも共通しているように見える。はたしてそこにソクラテスの影響もしくは悪影響を見出すことが出来るかどうかは疑問であるが、興味深いのは、『蛙』の末尾でアリストパネスが合唱隊に次のように歌わせていることである。

だから、ソークラテースの脇に坐って
無駄口をたたき、

ムーサの芸を捨てて、
悲劇の技にたいせつな事柄をないがしろにするのは、
感心したことではない。
もったいぶった言葉と
穿鑿(せんさく)好きな駄弁に
無為な時を費やすのは、
頭のおかしい男のわざ。[111]

プラトン『ゴルギアス』に登場するカリクレスが聞いたら喜びそうな科白であるが、史実かどうかはさておき、同時代人であるアリストパネスがエウリピデスとソクラテスを結びつけている事実は、興味深い。とは言え、クレイトポンについて言えば、最終的には「父祖の法」もしくは「父祖の国制」——それは法規範のみならず倫理規範も含むと考えられる——を奉ずる穏健保守派と見られる立場に落ち着いたと見られることからすれば、少なくとも世間的な意味で——すなわち、酒色に溺れ、乱れた生活を送るといった意味で——「堕落」したと見なすことには無理がありそうである。後に見るアリスティッポスとは別の意味で、ソクラテスともトラシュマコスとも異なる第三の道を選択したと言えるのではないだろうか。

第2章　哲学と政治の間で

――アルキビアデスと引き裂かれた自己

迷えるクレイトポンの次に取り上げるのは、希代の風雲児もしくは問題児とも言うべきアルキビアデスである。家柄、容姿、才能の三拍子揃った逸材であることは間違いないが、どうも節操に欠けていたようである。とは言え、そのスケールの大きさから見て、古代ギリシアを代表するスターと言っても過言ではないであろう。プラトンは再三、ソクラテスとアルキビアデスを対話篇に登場させているが、少年の頃からのアルキビアデスの傑出ぶりが、他の誰にもましてソクラテスをも惹き付けたのではないだろうか。我々は先ず主要資料で語られるアルキビアデスのロゴス（言説）とエルゴン（行動）の検討を通して、その破天荒な生の軌跡を辿ることにしよう。

1　トゥキュディデス『歴史』に見るロゴスとエルゴン

政治家並びに軍人としてのアルキビアデスのロゴスとエルゴンを知るための最も重要な史料はトゥキュディデスの『歴史』であるが、中でも一番のハイライトはシケリア遠征の是非をめぐる政敵ニキアスとの論戦と、その遠征途上での宿敵ラケダイモンへの逃亡劇であろう。最初に取り上げるのはロゴスの方であるが、アルキビアデスの演説はニキアスの遠征反対論を承けての反論なので、その反論を見る前にニキアスの演説の骨子を紹介することにしよう。

ニキアスはペロポネソス戦争時のアテナイを代表する政治及び軍事の指導者の一人であり、後に見るようにプラトンの『ラケス』においてもソクラテスの対話相手を務めている。彼はシケリア遠征に際しても既にアルキビアデス、ラマコスとともに三人の指揮官の一人に指名されていたが、知性派の彼は遠征熱に取り憑かれた同胞を前に、何とか見込みの無い暴挙を思いとどまらせようとして必死の説得を試みるのである。当然ながら、その論点の中心は遠征に孕まれるリスクの大きさの指摘にあるが、同時に民衆の遠征熱を煽り立てるアルキビアデスにも批判の矛先が向けられる。

先ずリスクについて、本土でも敵が隙あらばと機を窺っている中で大遠征を実施すれば戦力を二分することになり、わざわざ自分で敵を懐に呼び込むようなものだとニキアスは指摘する。また仮に遠征で勝利を収めたとしても、あまりにも本国から遠く離れているために支配を維持するのは困難であること、さらにアテナイは自分自身が疫病やこれまでの戦争から未だ十分体力を回復していないのであり、そのような状況下で貴重な資源を当てにならない異国の人間たちのために浪費すべきではないことを強調する。以上のリスクを指摘した上で、ニキアスは名指しこそしないものの、アルキビアデス個人に対して非難を浴びせる。

司令官に選ばれた嬉しさから、諸君に艦隊派遣を勧告する者がいるかもしれないが、その男は司令官を務めるには若すぎるばかりでなく、自分のことしか眼中にない男であり、すばらしい馬の持ち主として注目を集めること、そしてその馬のための多額の出費を賄うために、司令官職からいくばくかの利益を得ることを望んでいるだけなのだ。そんな男に、国家の安全を犠牲にして、己の栄誉を手に入れるための機会を与えてはならない。そのような人物は、公共の利益を侵害し、個人の財産を消尽するに相違なく、この計画は、経験に欠ける若者が決定し、性急に実行に移すには、あまりに重大なものであることを知っておいてもらいたい。[1]

ここでニキアスはアルキビアデスが若過ぎる、つまり大任を果たすには経験が不足していること、またその自己中心的で目立ちたがりな性格と濫費癖を指摘して、指揮官として不適格であることを訴えている。直ぐ見るように、アルキビアデスはその一々に対して反論を加えることになる。が、その反論について見る前に、ニキアスの演説の中で注目すべき点を一つ指摘しておきたい。それはニキアスが、希望的観測に頼ることの危うさと、強硬論に反対する勇気の必要性を強調していることである。

ニキアスは、「現在あるものを失わないように、そして不確かな未来の利益のために、手元のものを危険にさらさないようにと忠告しても、そのような私の言葉は、諸君のような気質をもつ者の前では無力であろう。[2]」と、民衆に翻意させることの困難は認識しつつも、最後に今一度、年長者たちに次のように訴える。

もし戦争に賛成票を投じなければ、腰抜けと思われないかなどと心配する必要はない。また彼らと同じような、遠く離れたものへの欲望のとりこになるのはやめて、成功を保証するのは願望の強さではなく、予見の確かさであることを忘れないでほしい。そして、かつてないほどの大きな危機に飛び込もうとしている祖国のために、遠征反対に手を挙げてもらいたい。[3]

プラトンの『ラケス』を読んだことのある読者は、以上のニキアスの言葉を目にして、即座に『ラケス』の中の次の一節を思い起すのではないだろうか。同篇の後半部では、〈勇気とは何か〉をめぐって、ラケスとニキアスの二人の将軍が交互に自分の考えを述べるが、猛獣にも勇気があるとするラケスの通俗的な勇気観を批判して、ニキアスは次のように述べる。

ラケスよ、僕としてはおそらく獣のことを勇気があるとは言わないだろうし、無思慮であるために恐ろしいことも恐れないほかのどんなものについてもそうは言わずに、恐い(こわい)もの知らずの愚か者と呼ぶことだろう。それとも君は小さな子供たちのすべてについても、僕が勇気があると言うと思っているのかね。彼らは無思慮のゆえに何一つ恐れないのだが。そうではなくって、僕の思うところでは、〈恐れを知らないということ〉と〈勇気があるということ〉とは、同じではないのだ。僕としては勇気と先慮にはきわめて少数の者があずかるに過ぎないのに対して、向こう見ずとか大胆さとか先慮を欠いた恐いもの知らずについては、男であれ、女であれ、子供であれ、獣であれ、そのきわめて多くのものがそれにあずかるのだ。君や大衆が勇気があると言うそれらのものを、僕は向こう見ずなものと呼び、対するに、僕が言ったことに関して思慮に満ちたものを勇気があるものと呼ぶのだ。[4]

この引用で傍線を引いた「先慮」と前の引用で傍線を引いた「予見」のそれぞれの原語は、プロメーティア(promēthia)とプロノイア(pronoia)で異なっているが、その意味するところは同じと考えて差し支えないであろう。共に接頭辞の〈pro〉が付けられていることからも分るように、〈予め〉もしくは〈先んじて〉〈思慮を働かせること〉を意味するのであり、猪突猛進型の無謀な威勢の良さに対するアンチテーゼとして持ち出されていると見てよいであろう。この『ラケス』の一節が書かれたのは、トゥキュディデスの文章が書かれてから三〇年近く経ってからのことと推定されることからしても、プラトンは当然それを読んでいただけでなく、間接的にせよ、身内の大人たちから民会でのニキアスの演説について耳にしていたものと推測される。

さらに、プラトンはその後シケリアでニキアスを待ち受けていた運命についても十分承知の上でこの一節を書いた筈である。その限りにおいて、プラトンはこの一節によってトゥキュディデスが伝えるニキアスの主張の正しさを裏書きしているとも取れるが、他方、シケリアにおける決定的局面でニキアスが予言者の「予見」ではなく迷信めいた予言に惑わされて最後の撤退のチャンスを逃した事実も念頭において、このニキアス自身の言葉に一種の「悲劇のアイロニー」を込めていると見ることもできるかも知れない。

ニキアスのロゴスについての紹介が長くなったが、アルキビアデスはニキアスの理にかなった反対論にも怯むこと無く、まさに短所とされた点こそが長所に他ならないとする論法で反撃する。彼は自信たっぷりに言う、

アテナイ人諸君、私は他の誰にもまして遠征軍の指揮をとるにふさわしい人間である。ニキアスからこの点で中傷を受けた以上、私もそのことから話を始めざるをえないだろう。実際、指揮をとるだけの価値が私にはあると自負している。なぜなら、私の悪評の原因になっている事柄こそが、

実は私の祖先と私自身に名誉をもたらし、祖国に利益を与えるものにほかならないからだ。[5]

そして、オリュンピア祭での馬車競争での「華々しい勝利」や、劇のコーラスのための派手な出費などによって国威発揚に多大の貢献をなしたことを強調する。ニキアスによって非難された浪費癖も、アルキビアデスに言わせるならば「個人の財産を自分自身だけでなく、国家の利益にも役立てるなら、このような愚かな行動もけっして無益ではないはず」なのである。と同時にまた軍事面での手柄をアピールすることも忘れてはいない。

私は諸君に大した危険も出費も強いることなく、ペロポンネソス最強の国々を結束させ、ラケダイモンを追い込んで、マンティネイアにおいてただ一日にすべてを賭ける戦いをさせるのに成功した。そしてラケダイモンは戦闘には勝ったものの、それ以来今日に至るまで、確かな自信を取り戻せずにいるのだ。[6]

このように実績を誇った上で、最大の弱点とされた「若さ」を取り上げ、まさにそれこそが最大の武器であることを主張する。曰く、

そしてあのこと、つまり私の若さと、自然（ピュシス）の枠がはずれたかのような無分別につい

ても、実のところそれがあればこそ、強大なペロポンネソス諸国を相手に、巧妙な言葉で会談に臨み、情熱によって信頼を勝ち得て、説得に成功したのだ。だから今度も、そのことで心配しないでほしい[7]。

この言葉の中で特に目を引くのは、「若さ」と並べて、常規を逸した「無分別」にアルキビアデスが自ら言及している点であろう。原語はアノイア（anoia）であり、まさに「思慮、考え」（noia）が欠けていることを意味し、先に見たニキアスが強調する「予見」（pronoia）と相反するものであるが、ここでアルキビアデスはその否定的な響きを持つ単語を敢えて自ら口にし、その効用を説くことで、価値転換を図っているのだとみることができるであろう。そしてその強かさは、次の言葉に如実に現われている。

彼は自分の短所が長所に他ならないことを強調した上で、こう付け加える。「そして私が若さの盛りにあり、ニキアスが幸運に恵まれているらしい間は、この二人を存分に利用し役立てるがよい[8]」と。

「若者」対「年長者」という世代間の対立を持ち込んだのはニキアスであるが、前者を排除して後者の支持を得ようとしたニキアスに対して、アルキビアデスは老獪にも、その両者を活かすべきことを提言しているのである。アルキビアデスはニキアスが指摘した諸々のリスクに逐一反論を加えた上で、改めて老若一丸となって事に当たるべきことを訴える。

また諸君は、ニキアスの語った無為の勧めや、若者と老人を仲たがいさせようとする企みに、惑わされてはならない。吾々の父たちが老いも若きも共に政策決定に参加し、そうすることによって今日の大国を築き上げたように、諸君もまたその伝統を受け継ぎ、それを範として、国家躍進の先導者となるよう努めねばならない。諸君に知っておいてもらいたいのは、若年も老年も、互いに相手の協力が無ければ何もできないのであり、活発と中庸と慎重は一つに混じり合ったとき、最大の力を発揮するということだ。[9]

まさに「ワンチーム」の呼びかけであり、こちらの方がニキアスの言葉よりも聴衆の心に訴えたであろうことは容易に想像がつく。以上の二人の応酬を見る限り、どうも年下のアルキビアデスの方が一枚上手のようであるが、ここに見られるアルキビアデスの強かさ、——それを我々はプラトンやクセノポンの作品の中においても再三目にすることになるであろう。

他方、形勢不利と見たニキアスは、遠征成功を期するに必要な戦備の膨大さを説いて民衆の熱を冷まそうと試みるが失敗、自分の意思に反して悲劇が待ち受ける遠征の途につくことになるのである。

以上、我々はシケリア遠征の是非をめぐるアルキビアデスのロゴスを見たのであるが、次にその後に彼がとった行動、そのエルゴンに目を向けることとしよう。

史家の伝えるが如く、遠征軍の出発直前にアテナイ国内のヘルメス像――イメージしにくいが、現代で言えば、沖縄のシーサーに相当するものであろうか――が破壊されるという不吉な事件が起こり、秘儀冒涜の嫌疑と併せ、反対派によってアルキビアデスが告発されるという事態になる。これに対してアルキビアデスは裁判の場で白黒をハッキリさせることを申し出るが、その影響力を恐れた反対派が時間稼ぎの思惑もあって取りあえずアルキビアデスの出航を認めたため、アルキビアデスは遠征に出発することになる。しかし、その後、遠征軍一行がシケリアまで進み、シュラクサイに近いカタネに布陣しようとした時、そこには公船サラミニア号が待ち受けており、アルキビアデスに本国からの召喚命令を伝える。アルキビアデスは大人しくその命に従い、自分の船でサラミニア号に同道するが、トゥリオイで脱出、行方をくらます。そしてあろう事か、宿敵ラケダイモンに姿を現すのである!

先に見たニキアスに対する反論の中では自分がラケダイモン相手に挙げた手柄を誇っていた人間が、一体どうやってその宿敵に歓迎されることができたのか、常識では考えられないことであるが、このアルキビアデスに関しては常識は当てはまらないようである。アルキビアデスはシュラクサイへの援軍派遣を躊躇うラケダイモンの指導者を前に、持ち前の弁舌を揮い、何と説得に成功してしまう。自分の立場の釈明に始まるそのロゴスもまた、周到に練り上げられたきわめて説得力に富むものであり、ラケダイモンの指導者ならずともその気にさせられてしまいそうである。しかしここではその詳細は割愛し、アルキビアデスが演説の中で与えた戦略上のアドヴァイスの中で最も重要な点だけを指摘すれば、それはアテナイ北方の要衝デケレイアに砦を築いてアッティカ地域を分断すべきだとの指南である。これはアテナイにとって糧食の補給のみならず、ドル箱のラウレイオン銀山からの収入にも支障を来すことを意味し、まさに急所を衝かれることに等しく、実際、この策はアテナイを苦しめることになる。

その後、アルキビアデスは小アジアでの反アテナイ工作に奔走することになるが、そこでもまた強かさを発揮する。その使命はペルシアをラケダイモン側に引込んで戦況を有利に運ぶことに有ったたが、イオニア地方でペルシア側の指揮をとるティッサペルネスに対しては、ラケダイモンとアテナイを互いに争わせて消耗させるのが得策であると入れ知恵するなど、一体誰の味方なのか分らないような動きを見せる。そうこうする間にラケダイモン側がアギス王を筆頭に自分に対する不信と敵意を募らせていることを感じ取ったアルキビアデスは、秘かにアテナイへの復帰・復権を画策、イオニアにおけるアテナイの拠点であるサモスの指導層に働きかける。そしてアテナイに使者を送り、民主制の廃止——これはアルキビアデスとクレイトポンの関係を考える上で、少なからぬ重要性を持つと考えられる——とアルキビアデスの復帰を認めることを要請するよう説得する。その働きかけが功を奏してサモスの支持と本国の了解を得たアルキビアデスは、海軍を率いてヘレスポントス一帯に出撃、キュジコスの海戦（前四一〇年）でラケダイモン側に決定的な勝利を収めると、その三年後の前四〇七年には、何と祖国アテナイに凱旋、最高司令官（hapantōn hēgemōn autokratōr）に指名され、全権を委任されるに至るのである。

とても信じ難いような復活・復権劇であるが、まさにアルキビアデスならではの離れ業と言えるかも知れない。しかし、敗色濃厚なアテナイの救世主との期待は長続きせず、翌年にはアルキビアデスの指示に背いた部下の勝手な行動による海戦での敗北を機に反アルキビアデス派の勢いが増し、結局、アルキビアデスは再び国外に去ることになる。そして前四〇四年、ラケダイモンからの追っ手を逃れるために頼ったペルシアの総督パルナバゾスの裏切りに遭って殺害され、まさに波瀾万丈そのものの生涯を閉じたのである。

以上、我々はアルキビアデスのロゴスとエルゴンについて見て来たのであるが、そこから浮かび上がるのは、アルキビアデスの並外れた非凡さ、傑出した才能であろう。特にその卓越した戦略家としての洞察力と果断さを思う時、歴史に「たら」は無いとはよく言われることであるが、「もしアルキビアデスがヘルメス像破壊と秘儀冒涜の嫌疑で本国に召還されること無く、そのままシケリアに赴いて指揮をとっていたら」と思わざるをえない。勿論、ニキアスとの主導権争いは現地でも続いたことであろうが、持ち前の戦略家としての手腕を発揮して、その若さに対するニキアスの懸念も吹き飛ばす働きを見せたのではないだろうか。

とは言いながら、敵国ラケダイモンに身を寄せるや否や、祖国アテナイの急所を衝く作戦を献策するなど、そのあまりの変わり身の速さには敵味方を問わず不信の念を抱かざるを得なかったことと思われる。アルキビアデスのこのような状況適応能力、悪く言えば節操の無さを前に思い出されるのは、ソポクレスの悲劇『ピロクテテス』に登場するオデュッセウスの次の言葉である。

オデュッセウスは、トロイアへの同道を拒否し、自分を悪党と罵る弓矢の名手ピロクテテス相手に昂然と言い放つ。

もし時間が許すものなら、この男の言葉に対して言うことは山ほどあるが、今は一つだけ言わせてもらおう。私はその場その場で必要とされる、そうした人間に成り切るのだ。正しく善良な人間が選び出されるべき時に、私よりも敬虔な人間を見出すことは決してできないだろう。いかにも、至る所で勝利を収めることだけを熱望するように、私は生まれついているのだ。御主(おぬし)に対してだけは、別だが。今は進んで、御主に勝ちを譲ることとしよう。[10]

この場面のオデュッセウスを彷彿させるアルキビアデスの状況適応能力は、前章で見たクレイトポン、さらにはテラメネスについても言われてきたものであるが、アルキビアデスのそれはスケールもしくは振幅の大きさから言って、これまた桁外れと言ってもよいのではないだろうか。はたして、このような状況倫理もしくは状況便利がソクラテスとの交流を通して得られたものなのかどうか、我々はこの問いを胸に、プラトン対話篇に向かうことにしよう。

2　プラトン『アルキビアデス』における哲学と政治

プラトンは複数の対話篇でアルキビアデスを登場させているが、その中でも重要なのは、通称『第一アルキビアデス』と呼ばれる作品と『饗宴』であろう。その他に通称『第二アルキビアデス』という作品もあるが、内容的にそれほど重要とは思えないので、この作品については、ごく簡単に触れるに留めたい。それよりもむしろ、ソクラテスとプロタゴラスの対話の進行にアルキビアデスが積極的に関与する『プロタゴラス』の方が、ソクラテスとアルキビアデスの仲を考える上では重要だと思われるので、こちらの方をより詳しく紹介することとしたい。先ずは『アルキビアデス』（以下、「第一」は省略する）におけるソクラテスとアルキビアデスの対話から検討することにしよう。

この作品は、古来、三部構成と見られて来たが、導入部がそれなりの長さを持っていることからすれば、四部構成と見てもよいであろう。すなわち、

（Ⅰ）導入部（103A–106C）

（Ⅱ）第一部（106C–119A）

（III）　第二部（119A–124A）

（IV）　第三部（124A–135E）

である。

（Ⅰ）　導入部

『クレイトポン』同様、ここでも最初に話しかけるのはソクラテスである。ソクラテスは言う、

クレイニアスの息子よ、思うに君はいちばん最初に君に恋した僕が、他の連中が諦めてしまった今になってもまだ、一人だけ付き纏っているのをさぞ不思議に思っているだろうね。それにまた、僕以外の連中は君と口をきこうと大挙して君を煩わせていたのに、僕はといえば、何年ものあいだ話しかけようともしなかったことについてもね。[11]

『クレイトポン』で釈明するのは、話しかけられたクレイトポンの方だったが、ここで釈明するのはソクラテス自身である。ソクラテスはアルキビアデスがこれまで不審に——あるいは薄気味悪く？——思っていたであろう自分のストーカーまがいの振舞について説明し、それまで話しかけなかったのは神様のお許しが出なかったからだと言う。しかし、今やその反対が無くなった

ので言葉をかけたのだと述べる。プロクロスやオリュンピオドロスが強調するように、まさに「今こそ、その時」なのである。[12] そしてアルキビアデスの自尊心をくすぐるようなことを並べ立てて、その気を惹こうと試みる。すなわち、ソクラテスは数多の求愛者たちが退散せざるを得なかった理由として次の事実を挙げる。

君が言うには、君は何ごとに関しても誰の助けも必要としてはいない。というのも、君は肉体から精神にいたるまで、何一つ足らないものはないくらい資質に恵まれているからだ。実際、君が思っているところでは、まず第一に抜群に顔もよければ背も高いし――まさにその点で君が間違っていないことは誰の目にもあきらかだ――次にはギリシア諸国の中でも最大である君自身の国の中で最も勢いのある一門に属していて、この地においても非常に多くの極めて優れた父方の友人や親戚がいる。彼らは必要とあらば君を助けてくれるだろうし、母方の友人や親戚もまた質量ともにまったく引けをとらないだけいるのだ。[13]

こう言われて気を悪くする人間はいないであろうが、このソクラテスの言葉にアルキビアデスもすっかり乗せられたのか、是非ともソクラテスが自分に付き纏う理由を知りたいと応じる。そこでソクラテスは、先ず、アルキビアデスが秘かに抱く野望を暴露し、その壮大な野望を達成するためには自分の協力が不可欠であることを売り込む。

では、アルキビアデスの野望とは何か？　ソクラテスは、神様の誰かがアルキビアデスに現在所有するものに甘んじて生きることと死ぬことのどちらを選ぶかと尋ねたとしたら、アルキビアデスは死を選ぶに違いないとして、このように言う。

君が考えているのは、アテナイの民衆の仲間入りをするや否や――それは幾日も立たないうちに実現するのだが――、演壇に上がって、ペリクレスやこれまで生まれた人間の他の誰一人として及ばないほど君が尊敬されるに値することをアテナイ人相手に論証し、それを証明できた暁には、まずは国の中で最高の権力を握り、ひとたびそこで最高権力者になったなら、アテナイ以外のギリシアでもそうなること、さらにはギリシアの中だけでなく、僕たちと同じ陸地に住む限りの異邦人の中にあってもそうなることなのだ。[14]

この引用の出だしの部分は、先に見たニキアスに対するアルキビアデスの反論の冒頭での自信たっぷりの言葉を想起させるものではないだろうか。

ソクラテスはまた後半部分でアルキビアデスの野望に触れているが、それはまさに止まるところを知らないプレオネクシア、すなわち「もっと多く所有すること」への衝迫に他ならない。

さらにまた、その同じ神様が、君はここヨーロッパで統治しなければならず、アジアに足を踏み入れることも、彼の地のことに手を出すことも許されない、と君に言ったとすれば、今度もまた君は、それらだけで我慢して生きることを決して受け入れはしないだろうと僕には思えるのだ。いわば、あらゆる人間を君の名前と権力で一杯にしない限りはね。[15]

前節でアルキビアデスの地中海世界を股にかけた活躍もしくは活劇を目にした我々は、このソクラテスの言葉に頷かざるを得ないが、それもそのはず、実はこの作品が書かれたのは、トゥキュディデスの作品よりもずっと後のことであることを思えば当然かも知れない。ただし、プラトンがトゥキュディデスよりも後の人間であり、その著作の読者でもあったであろうことは、決してプラトンの作品の史料的価値を貶めるものではない。なぜなら、トゥキュディデスよりも遥かに遅い前四二七年生まれのプラトンではあるが、アルキビアデスとも関係が深いクリティアスと縁戚関係にあり、上流階級に属することからみて、同世代の若者たち――例えばクセノポン――以上に、自ら生前のアルキビアデスの話を耳にし、その姿を目にする機会に恵まれていたものと推測されるからである。あるいは、直接言葉を交わしたこともあったかもしれない。また、そのソクラテスとの関係からしても、他ならぬソクラテスとアルキビアデスの間柄について最も詳しく知ることができる立場にあったと思われる。因(ちなみ)に、トゥキュディデスの作品の中でソクラテスが言及されることは一度も無い。なるほど一度だけソクラテスという名前が出てくるが、それは我々のソクラテス、ソープロニスコスの息子ではなく、アンティゲネスなる人物の息子で全くの別人である。[16] 従って、ことソクラテスとアルキビアデスの関係については、クセノポンはさておき、プラトンに勝る情報源は無いと言ってもよいのである。

さて、アルキビアデスが抱いている野望をズバリ指摘したソクラテスは、自分もまた野望を抱いているとして、その中身を説明する。すなわちその野望とは、「僕があらゆることで君の役に立ち、後見人も親族も、また僕以外の他の誰一人として君が欲している力を与えるには十分でないことを説き伏せられたら、その時には君のそばで最大の影響力を行使することができるだろう」[17] との望みである。

このソクラテスの言葉に対して、アルキビアデスは自身の野望については明確に肯定することは控えつつも、内心、大いに気をそそられたのか、次のように言う。

> よしんば僕がそういったことを考えたことがあるとして、どうしてあなたの力を借りたらそうしたものが我がものになり、あなたなしでは決してそうならないのでしょう。あなたはおっしゃることができますか。[18]

まさにソクラテスの思う壺、こうしてアルキビアデスは、ソクラテスとの一問一答形式による対話へと引っ張り込まれることになる。

このようなソクラテスの手の込んだ駆け引きに違和感を覚える読者、あるいはそこに偽作の一つの論拠を見出す研究者もいるかも知れないが、実は真作と見なされている『カルミデス』などでもソクラテスは一芝居打っていることから見れば[19]、それほど異例なことではないように思われる。むしろ、アルキビアデスの世俗的な野望の実現を餌に、本来的自己の実現へと誘導していくための巧みな戦略と見ることもできるのではないだろうか。

（二） 第一部

一刻も早く国政に打って出ようと逸(はや)るアルキビアデスを対話に誘い込むことに成功したソクラテスは、早速、持ち前の吟味に着手する。この第一部での吟味は次の二つの段階から成る。

先ず前半においては、アルキビアデスが民会で民衆相手に演説しようとしている事柄は何か、が問われ、それはアルキビアデスが他の民衆よりもよく知っている事柄でなければならないことが同意される。そこでソクラテスは建物の建築や預言や医療について審議する場合を挙げ、そうした場合に助言するのはアルキビアデスではなく、それぞれの分野の専門家であることを指摘し、その上で「それでは、彼らが何について検討する場合に君が助言すべく立ち上がれば、ふさわしいことになるのだろう[20]」と問う。

これに対してアルキビアデスは、「彼らが自分たち自身について審議する場合です」と相変わらず曖昧な答を与えるが、ソクラテスは今一度造船に関する審議の例を挙げて絞り込み、アルキビアデスが民会で提言しようとしているのは、「誰を相手に和平を結び、誰に対して戦をすべきか、またどのような仕方でそうすべきか」、あるいはどういう場合にどのような形でそうするのが「よりよい」のか、に他ならないことを明らかにする。

そしてこの場合の「よりよい」かどうかの判断基準が何であるのかを、ソクラテスは体育術や音楽の術の例を挙げて問い質す。この問いに対して、アルキビアデスは「僕にはさっぱり見当がつきません」と答える他はなく、そうした状態にあることをソクラテスによって恥ずべきこと、みっともないことだとして非難され、アルキビアデスもそれを認めざるを得なくなる。

自分が提言しようと思っている事柄について十分な知識を持っていないことをアルキビアデスが認めたのを承けて、後半でソクラテスは論駁の第二段階に着手する。ソクラテスは戦争の原因が正義をめぐる対立にあることを確認した上で、アルキビアデスに「正義にかなったもの」と「正義に反したもの」の別についての知識を誰から学んだのかを問う。そして「一般大衆から」とアルキビアデスが答えると、大衆が正義の所在をめぐって激しく対立している事実を指摘して却下し、次のように結論する。

だとすると、どうして君が正義にかなったことと正義に反したことについて、知っている見込みがあるのだろう。それらに関してこんなにふらふらしていて、誰から教わったこともなければ、自分で発見したわけでもないのは明らかなのに。[21]

アルキビアデスはぐうの音も出ず、「あなたのおっしゃることからすると、見込みはありません[22]」と降参する。

ソクラテスによれば、以上の論駁を通して、「正義にかなったことと正義に反したことについて、クレイニアスの息子、美少年のアルキビアデスは、知識がないのにあると思い込んで、民会に出かけて自分が何一つ知らないことに関してアテナイ人たちに勧告しようとしている、ということが言われた[23]」のであるが、この論駁で興味深いのは、あっさり降参したかに見えるアルキビアデスが、正義と利害の関係については、自説を展開してソクラテスに抵抗を試みていることである。

すなわちアルキビアデスによれば、審議の対象とされるのはどちらの政策が正義にかなっているかどうかではなくして、どちらが利益になるかなのであり、抑々(そもそも)「正義にかなったこと」と「利益になること」とは別物であって、不正を行った方が得になり、正義にかなったことを行う方が損になる場合もあるとされる。正義についてのこうした観方は前章で見たトラシュマコスや、『ゴルギアス』におけるポロスの言葉を彷彿させるものであり、当時——とは限らないかも知れないが——かなり一般的に流布していた見方だと思われる。これに対してソクラテスは、戦場での振舞を例にとって、「正義にかなったこと」と「立派なこと」と「善いもの」の同一性をアルキビアデスに認めさせた上で、さらに「善いもの」はまた「利益」にもなることを認めさせ、以上からの帰結として「正義にかなったこと」が実は利益をもたらすものであるという結論を導くことに成功する。

自説を論駁されたアルキビアデスは、率直に自分の心理状態を告白する。

いや、これはもう神々に誓って、ソクラテス、僕は何を言ったらいいのかまったく分らなくなってしまって、ただただ途方に暮れている人間みたいです。というのも、あなたが質問している間、ある時にはこうだと僕には思え、またある時にはああだと思えるのですから。[24]

この告白を聞いたソクラテスは、その原因が「知らないのに知っていると思い込んでいる」という「思い」、すなわち、正義を始めとする「最大の事柄に関わる」「最も有害で恥ずべき無知」とともに暮らしていることにあることを指摘する。が、ここで注目すべき点が一つある。それは、アルキビアデスの態度に若干変化の兆しが認められることである。自分がそのような惨めな状態にある原因を尋ねられたアルキビアデスは、後見人であるペリクレスに責任を転嫁することなく、「思うに、気に留めない僕に責任があるのです」[25]と、意外にも自分に責任があることを認めるのである。とはいうものの、そこはアルキビアデス、そうあっさりと白旗を掲げるわけではなく、今度はまた別の手を繰り出して反撃を試みる。

ソクラテスの論駁によってアポリアに追い込まれ、自分の無知を認めざるを得なかったアルキビアデスであるが、そこで一転、心を入れ替えて今後の精進を誓うのかと思いきや、今度は駄目なのは自分だけではなく周りもすべて似たり寄ったりで取るに足りない、それどころか資質の点では自分の方が遥かに上回っているのだから別にそんなに頑張る必要は無い、と開き直る。これにはさすがのソクラテスも、毒気を抜かれて嘆かざるを得ない。

やれやれ、最高に優秀なお坊ちゃん、これはまた何ということを言ってくれたものだ。君の容姿やそれ以外の君が持ち合わせているものに、何と似つかわしくないことを。[26]

ソクラテスにこう嘆かせるアルキビアデスの自信もしくは過信は、後に見るクセノポンのアルキビアデス評とも一致するものであるが、こうした臨機応変の戦術転換の素早さに見られるアルキビアデスの頭の回転の速さとしぶとさは、第三章で見る同じクセノポンが描くところのアリスティッポスを思い起させるものでもある。

しかし、ソクラテスもまたしぶとさでは負けていない。ソクラテスは、大した競争相手はいないと高を括るアルキビアデスに対して、真の競争相手は同胞のアテナイ人などではなく、はるかに手強い相手、すなわち、大国ペルシアと宿命のライヴァルであるラケダイモンに他ならないことを指摘する。そして、両国が血統や富のみならず、教育や教養や心構えの点でもどれほどアテナイとアルキビアデス個人を上回っているか、事細かに物語るのである。

この部分の記述については、その饒舌ぶりと内容からプラトンらしくないとの評価もあるが、『プロタゴラス』におけるラケダイモンについての記述[27]や『ラケス』における武芸家ステシレオスが失笑を買ったエピソードの描写の細かさ[28]を見れば、超一流のストーリーテラーとしてのプラトンが書いたとしても別に不思議はないように思われる。

なるほどその記述においては、君主教育や徳の涵養などもとりあげられてはいるものの、全体としては血統の高貴さや圧倒的なまでの領土の広大さと富の巨大さが特に強調されていることは確かである。が、その狙いは――第三部で出てくる鏡の比喩を先取りすれば――いわばペルシアとラケダイモンを大きな鏡として、アルキビアデスに自分の祖国と自分自身の卑小さを認識させることにあると見るべきであろう。そして、ここで特に注目すべきは次の点である。すなわち、アリストテレス的に言えばまさにそのような「外的善」――第三部で言うところの『自分に付属するもの』に付属するもの」――に関する限りとても両国に太刀打ち出来ない現実が事細かに語られる中で、ペルシア王クセルクセスの妻であるアメストリスの口を借りて、アルキビアデスが最後の頼みとすることができる唯一の可能性としては、「心がけ」(配慮)[29]と「知恵」[30]の二つをおいて外にないことが仄めかされている点である。彼女によれば、「その二つだけが、ギリシア人にあって語るに足るもの」[31]なのである。ここに本篇のクライマックスに向けて、レールは敷かれたのである。

(Ⅳ)　第三部

第三部の冒頭でソクラテスはデルポイ神殿の柱に刻まれていたと言われる格言――「汝自身を知れ」――に言及し、アルキビアデスに対して「君自身を知りたまえ」と呼びかける。[32] そして、アルキビアデスの真のライヴァルはペルシアとラケダイモンであり、圧倒的優勢にある両者をアテナイが凌駕するには、アメストリスの言うように「心がけ」と「技術[33]」以外にはないこと、アルキビアデスがそれを怠るなら、世界中にその名を轟かせるという夢もまた実現不可能であることを説く。このソクラテスの言葉をアルキビアデスは思いのほか素直に受け入れ、ここにソクラテスの吟味は、アルキビアデスを誤った思い込みや自惚れから解放することを目的とするそれまでの議論――アポトレプティコス・ロゴスと言ってもよいであろう――から、より積極的に本来の自己、徳の探求へと促す議論――プロトレプティコス・ロゴスに転換するのである。

以下、その議論の流れを追ってみることにしよう。

ソクラテスは、自己自身に配慮する必要があるのはアルキビアデスだけではなく、自分もまたそうであることを述べた上で、どのような徳を身につけるべきかをアルキビアデスに尋ねる。これに対してアルキビアデスは、「高貴で優れた人物たちが行うこと」に関する徳であると答えるが、ソクラテスは「優れている」ことの中身を問い、二人は「思慮がある」ことを「優れている」と呼ぶことに同意する。その同意を基に、ソクラテスは靴職人など、特定の事柄に関してだけ思慮（知識）を有する専門家を排除して行き、アルキビアデスから、自分が言う「優れた人物」とは「国の中で支配することができる者たち」のことであるとの答えを引き出す。

アルキビアデスの心が権力欲で満たされていることをよく示している答であるが、さらにソクラテスは〈誰を支配するのか〉を問い、ここでもまた船乗りや合唱隊など他の分野で指揮を取る者たちを排除した上で問う。

それでは、いったい全体、人々を使う者たちを支配することができるということで、君は何を意味しているのだろうか。[34]

この問いに対して、アルキビアデスは次のように答える。

僕が言おうとしているのは、国家にともに加わり、お互いに協力し合っている、そうした国民を支配することです。[35]

この答えを承けてソクラテスは、そのような支配を可能とする知識が何であるのかを問い、それは「策を練ることに優れていること」（エウブーリア）であるとアルキビアデスは答える。この答えに関しても、ソクラテスはこれまでと同様、舵取りの知識の例を挙げて、それは何に関して策を練ることに優れている知識なのか、その種差を問う。それに対してアルキビアデスは、「国をよりよく統治し、無事に保つこと」であると答えている。この答からも、アルキビアデスが「徳」もしくは「卓越性」を単に個人的な人柄の善さに関わるものとしてではなく、広く政治的実践に関わるものとして理解していることが明らかになるが、ソクラテスはその点には触れずに、健康や視力や聴力の例を挙げて、国がそのように良好な状態で統治されるためには、どのような条件が備わる必要が有るかを尋ねる。この問いに対してアルキビアデスは、こう答える。

ソクラテス、僕に思われるところでは、それは彼らのもとで友愛がお互いに対して生じ、他方、憎み合って党派抗争をすることがなくなる時です。[36]

この答を受けてソクラテスは、友愛とは「同じ考えを持つこと」なのか、それとも「考えが二つに割れること」なのかを問い、アルキビアデスは「同じ考えを持つことの方です[37]」と答える。ここで、何処かで聞いたことがあるような答だなと思われた読者も少なくないだろうが、いかにも、あのクレイトポンもまた——正確に言えば、クレイトポン本人の言葉ではなく、ソクラテスの仲間の一人の答として語られていたのであるが——「友愛」と「同じ考えをもつこと」に言及していた。[38] この事実は、『アルキビアデス』と『クレイトポン』という作品の関係、またその主人公であるアルキビアデスとクレイトポンの関係を考える上で重要な示唆に富むものと言えよう。ここでもう一点興味深いのは、ソクラテスがアルキビアデスの主張する「同じ考えをもつこと」の内実を問う中で、『国家』においては正義の定義として提出される「自分の務めを果たすこと」(ta hautou prattein)[39]を持ち出し、――些か眉唾な議論を用いてではあるが――そこから帰結するかに見えるアポリアをアルキビアデスに突きつけていることである。追いつめられたアルキビアデスは言う、

いや、まったく神々にかけて、ソクラテス、僕自身も自分が何を言っているのか分からないのです。どうも僕は自分が以前からこの上もなく不様な状態でいた(aischista echōn)ことに気づいていなかったようです。[40]

ここにアルキビアデスの美しくも高慢な鼻っ柱はへし折られたのである。すっかり自信をなくしてしまったかに見えるアルキビアデスに対してソクラテスがかける言葉は、まさにプロトレプティコスと呼ぶにふさわしいものである。ソクラテスは言う、

さあ、それなら元気を出さなければならない。というのも、君が五〇歳になってからそういう状態に陥っていることに気づいたとしたら、君にとって君自身に配慮することはもう難しかっただろ

う。だが、今の君の年頃、――それはまさにそのことに気づくべき年頃なのだ。[41]

ここでもまた、我々は「今こそその時」（エウカイリア）の強調を見出すことが出来る。とは言うものの、その後の平均寿命の伸びを考えれば、五〇歳以上の読者も気を落とすことはない。Better late than never である。

この言葉に勇気づけられたアルキビアデスは、自分の惨めな状態に気づいた者は何をなすべきかを尋ね、それに応えてソクラテスは、いよいよ探求の最終目標としての「自分自身のために配慮する」とはどういうことなのか、――その探求に着手するのである。

その道具立てとしてソクラテスは、「自分自身」と「自分自身に所属するもの」（手や目など身体を構成するもの）と「『自分自身に付属するもの』に付属するもの」（靴や指輪）の区別を導入し、「自分自身」とは、残りの二つを使用する主体としての「魂」に他ならないことを明らかにする。[42] それゆえ、ソクラテスによれば、「『自分自身を知れ』と指示している者は、魂を知れ、と僕たちに命じているのだ[43]」とされるが、ここで問題になるのは、ここで言われる「魂」が、「人間」一般のレヴェルで言われていると見るべきか、それとも各個人に固有の魂も含むのかという点である。

この点については二人のやり取りの中でも明確にされていないが、筆者には後者も含むと考えるべきであるように思われる。何となれば、作品冒頭でも、アルキビアデスの容姿の美しさの盛りはもはや過ぎ、他の求愛者たちが去ってしまい、ソクラテス一人だけが残っていると語られているが、他の人間とは異なり、ソクラテスは肉体ではなく魂に恋していると言っても、もし魂がどの人間でも同じであるとすれば、別に特にアルキビアデスに恋する理由はないように思えるからである。やはりそこには、ソクラテスを惹き付けて止まない、まさにアルキビアデスに固有の自己としての魂のあり方があると見るべきではないだろうか。また『パイドロス』の次の一節も、そうした解釈を支持するものであるように思われる。

真夏のイリソス川のほとりを散策しながら、古くから伝わる言い伝えの信憑性を問うパイドロスに対して、ソクラテスは自分にはその真偽について詮索する暇がないことを説明して言う。

僕にはまだ、デルポイに刻まれた言葉に従って自分自身を知ることができていないのだ。それがまだできてもいないのに、自分に関係のないことの詮索に首を突っ込むなんて、実に滑稽なことだと僕には思われるのだ。（中略）だから、僕はそういったことをではなく、自分自身について、ひょっとすると自分が怪物のテュポーンよりも複雑で凶暴な野獣なのか、それとも生まれつき何か神的な、テュポーンとは違って控えめな性分（モイラ）に与っていて、もっと温厚で単純素朴な生き物なのか、を探求しているのだ。[44]

ソクラテスその人の魂の在り様とその魅力については、『饗宴』の中で他ならぬアルキビアデスが証言しているが、それとは反対に、ここ『アルキビアデス』では、ソクラテスがアルキビアデスに固有の魂の資質を見抜き、その開花に一肌脱ぐ決意をしているのである。

そしてここで重要なのは、最も重要なこととしての「自分自身に配慮する」ということが決して自閉的・自己完結的な営みを意味するものではなく、相互主体的な共同作業を通じて初めて遂行され得るものと見なされていることである。このことをソクラテスは二つの比喩を通して示唆していると思われる。その一つは、〈対話とは何か〉をめぐるものであり、もう一つは、〈「自分自身を知ること」はいかにして可能か〉をめぐるものである。先ず最初の問いに関連してソクラテスは言う。

このように考えるのは適切なのではないだろうか。つまり、この僕と君が互いに言葉を用いて交流するということは、魂に魂をすりあわせることなのだと考えるのはね。[45]

すなわち、「ソクラテスがアルキビアデスと言葉を用いながら対話するということ」は、「一見そう見えるように、君の顔に向かってではなく、アルキビアデスその人に向かって議論をすること」なのであり、「アルキビアデスその人」とはアルキビアデスの魂に他ならないとされる。[46]

また第二の問いに対しては、ソクラテスは「鏡」の比喩を用いて説明している。ソクラテスはアルキビアデスに尋ねて言う。

君は気づいたことがあるだろうか。目の中を見入っている者の顔が、向かい合っている相手の目の中に、ちょうど鏡の中に映るように映っていることに。それを僕たちは、見入っている者の像のようなものであるところから、瞳の中の小さな子供と呼んでいるのだが。[47]

この問いにアルキビアデスが頷くと、「それなら、仮に目が自分自身を見ようとするなら、目は目に見入らなければならないし、また目の中でも、目の卓越性がそこに内在しているあの場所に見入るのでなければならないのだ。[48]」と結論し、その卓越性とは「視力」に他ならないとする。そしてこの自分の姿を映す「鏡」としての瞳の働きを魂に転用して次のように説く。

だとすると、親愛なるアルキビアデスよ、魂もまた自分自身を知ろうとするなら、魂は魂に見入らなければならないのだ。それもとりわけ、魂の卓越性、すなわち知恵がその中に内在する魂のその場所に、また魂が似ている他のものに見入らなければならないのだ。[49]

ここでソクラテスは、人は独り相撲では自己自身を知ることはできないこと、お互いが相手の瞳に映じる自己の姿を見入ることを通して初めて自己認識は生成して来ることを主張していると思われるが、相手の瞳に映る自分の姿は決して固定したものではないであろう。言葉を介しての対話における のと同様、双方向の交渉を通して、それぞれの自分の姿、自分自身が変容し新たに生成するのだと考えるべきであろう。

かくして、アルキビアデスもまた、ソクラテスと魂をすりあわせ、その鏡に映し出された己の姿の醜さを自覚することを通して、徳を身につけるべく決意し、そのためにソクラテスの協力を仰ぐに至るのである。が、遺憾ながら、話は目出たし目出たしでは終らない。ソクラテスは決意の程を語るアルキビアデスに対して言う。

> 僕も君がそれを成し遂げることができれば、と思う。でも、心配なのだ。それは君の資質に何か疑いを抱いているからというわけではなく、国というものが秘めている威力を目の当たりにして、それがこの僕と君をも圧倒することになるのではないかと恐れるからだ。[50]

この一種不吉な響きを持つソクラテスの言葉は、真の自己の確立が様々な外的要因によって阻害されうることを示唆するものであり、『国家』第六巻におけるソクラテスの発言を想起させるものである。第五巻で哲人王の理念を展開したソクラテスは、第六巻でその理念を実現することの難しさを政治の現状と対比しつつ語っているが、本篇との関連で特に注目されるのは、優れた資質を具えた素材がいかにして堕落させられていくのか、そのプロセスについての叙述であろう。はたしてその過程は、アルキビアデスにも当てはまるであろうか？　我々は暫し、『国家』に目を向けることとしよう。

『国家』第五巻において既に、ソクラテスは理想国家の柱となる哲人王の理念が呼び起こすであろう笑いの渦について語っているが、第六巻では、哲学並びに哲学者に対するそのような軽蔑が何処から由来するものなのかを論じている。ソクラテスによれば、その最大の原因は本来哲学に携るにはふさわしくない者までもが哲学者を僭称していることにあるが、しかし、ふさわしい素質の持ち主はと言えば、これは極まれにしか出現しないとされる。何となれば、哲学とは「生まれつき物覚えがよく、飲み込みが速く、鷹揚で、優雅で、真理と正義と勇気と節度の友にして同族の者でなくしては、決して十分に追究することができないような仕事」[51]、つまり極めて厳しい条件を満たすことを求める営みだからである。

とは言いながら、そのような資質の持ち主――それは哲学を極めると同時に理想の政治を行うにふさわしい資質の持ち主を意味する――が、少数とはいえ出現する可能性が有ることはソクラテスも認める。しかしソクラテスは対話相手のアデイマントスに対して、「それほどの資質に恵まれた少数の者を潰してしまう要因がどれほど多く、どれほど大きいものか」[52]を考えるように言い、その要因として、勇気や節制などの美徳と共に「長所と言われるものの全て」を挙げる。すなわち、それは「美しさや資産や肉体の強さや国の中での有力な血縁関係や、凡そそれらに固有なものの全て」であるとされるが[53]、まさにこれこそ、アルキビアデスに当てはまるものに他ならない。

ここで読者は、勇気や節制などの美徳までもが何故に堕落の原因となるのか訝しく思うかもしれない。ソクラテスの洞察によれば、植物におけると同様に、美徳も含め「生まれつき最も素質に恵まれた者は、まずい仕方で養い育て上げられる時には格段に悪くなってしまうもの」であり、「重大な犯罪や極めつけの邪悪さというものは、凡庸に生まれついた者からではなく、生まれつき若々しい活力に溢れた者が養育によって損われた時にこそ生じるもの」だとされる[54]。前者の場合には、いわゆる「毒にも薬にもならない」ということであろうか。それでは悪しき養育・教育を施す者は誰なのか、――この問いに対してソクラテスは、その責任をソフィストに帰する世間一般の通念を否定し、他ならぬ一般大衆こそが真犯人であると主張する。

それが民会であろうと、法廷であろうと、劇場であろうと、軍隊であろうと、あるいは何か他の公的な大規模な集会だろうと、大衆が一団となってそこに押しかけて座を占め、その場で語られたり行われたりすることの内、あるものについては大声で非難し、あるものについては賞賛するような時、――それぞれについて度外れなまでに、大声でわめき散らしたり拍手したりしながらね。おまけにそれらに加えて、廻りの岩々や彼らが集まっている土地までが反響して非難と賞賛の二倍の騒音を生み出すといった始末なのだが——、そのような状況の中で、諺にあるように、若者は「いったいどのような気持を抱くことになる」だろうか。あるいは彼が個人的に受けたいかなる教育が、このような事態に至ることに抵抗してくれるだろうか。つまり、そのような非難と賞賛によって、受けた教育はすっかり押し流されてしまい、何処へであれその奔流が運ぶままに運ばれて行くことになり、その結果、彼ら大衆と同じことを立派なことあるいは醜いことであると言うようになるとともに、彼らが日々行うことに精を出して、相似た者となってしまうということにね。[55]

多少の誇張はあるかも知れないが、当時のアテナイの直接民主主義の雰囲気を窺わせる記述ではあるまいか。実際、『ソクラテスの弁明』の中でも、ソクラテスが聴衆である裁判員に対して静粛を保つように呼びかける場面が出て来る。[56]また、アルギヌーサイ沖海戦で指揮をとった将軍たちの一括裁判に自分が反対した時の状況を、次のように描写している。

これから皆さんにお話しするのは、法廷ではありふれたことなのですが、本当にあった話ではあるのです。というのも、アテナイ人諸君、これまで私は国の中で他の官職には何一つついたことがないのですが、評議員になったことはあるのです。しかも、皆さんが十人の将軍たち——海戦で海に落ちた者たちを船に助け上げなかった将軍たちのことですが——を一括して裁くことを評決した時に、たまたま我々のアンティオキスの部族が議長を務めていたのです。そのやり方は、後になって皆さんのすべての方にもそう思われたように、法に反していたのです。その時、私は法に背いたことは何一つ行うことがないよう、議長団の中でただ一人、皆さんに反対して反対票を投じたのです。そして弁論家たちが私を弾劾し、連行させようと身構え、皆さんもまたそう命じて騒ぎ立てている中で、私はこのように考えたのです。すなわち、逮捕と死を恐れて、正義にかなってはいないことを評決しようとしている皆さんと一緒になるよりもむしろ、私は法と正義とともに危険を冒さなければならないと。しかし、以上のことがあったのは、まだこの国が民衆によって支配されていた時のことでした。[57]

民衆＝大衆の集団ヒステリーに支配された議場の空気がよく伝わってくるのではないだろうか。

このように、ソクラテスは決してその場の空気に屈しなかった――たった一人の反乱！――わけであるが、それはソクラテス自身が言うように例外であろう。平均的な若者、あるいは特に権力を目指す野心的な青年にとって、支配的な政治体制とそのエートスに同調・同化することが不可避であることの指摘は、『ゴルギアス』篇におけるソクラテスとカリクレスの応酬の中にも出てくる。[58] はたしてアルキビアデスがそう大人しく大衆に同調・同化したかはともかく、支配の座につくことを切望するアルキビアデスの場合にも、ソクラテスが指摘するような「主と奴の弁証法」が働いたことは十分想像される。

さてソクラテスは、以上の大衆民主主義の中で成長する若者の心理と病理を描き出した上で、アルキビアデスその人を意識したかのような言葉を語る。

では君は、そのような若者がそのような環境の中でどうすると思うかね。特に、大国に属し、その国の中でも金もあれば身分も高く、さらにはいい男でかっこよいときたら。彼は、ギリシア人に関することでも非ギリシア人に関することでも、すべてこなせる能力が十分あると考えて、とてつもない野望に満たされるのではないだろうか。そしてそうしたことから、自分自身をおそろしく高く買いかぶるのではないだろうか。分別を欠いたまま勿体ぶって、空虚な思いに満たされているだけなのに。[59]

これはまさに『アルキビアデス』の冒頭で、ソクラテスがアルキビアデスについて語っていたことそのものであるが、しかし、幸運にもアルキビアデスの場合には、我々がこれまで本章で見て来たように、ソクラテスとの対話によってその高慢さが粉砕され、真の自己の探求に目覚めたのだとすれば、——長続きしたかどうかはともかく——、『国家』で描写される若者の運命を辿ることは避け得たのではないか、と我々読者としては期待したいところである。が、そのような我々の期待に不吉な陰を投げかけるようなソクラテスの『アルキビアデス』末尾の言葉を前に、我々はどのように考えればよいのであろうか。それは本篇で約束されたソクラテスによるアルキビアデスに対する「教育」もまた、「国というものが秘めている威力」、一般大衆の同調・同化圧力に対しては無力だった、あるいはひょっとして、それ自体が間違っていたことを物語るのであろうか。

『ラケス』に登場するニキアスのその後の運命についてと同様に、プラトンは『国家』を執筆している時は勿論のこと、『アルキビアデス』を執筆している時点において既に、アルキビアデスは暗殺され、ソクラテスは刑死したことを知っていたはずである。そのことを思う時、著者プラトンがどのような気持でソクラテスの言葉を綴っていたのか、――筆者は当惑とともに、一種言いようのないやるせなさを覚えるのである。

補論1　『第二アルキビアデス』におけるソクラテスとアルキビアデス

ここで『プロタゴラス』に話を進める前に、『アルキビアデス』の姉妹編とも言うべき『第二アルキビアデス』について、その概要を見ておくこととしたい。

この作品には、古来、「祈願について」という副題が与えられているとおり、その主旨は、人間が願をかけることに潜む危険性を指摘し、そうと知らずに災いを呼び寄せる危険を避けるためには、「最善のもの」についての知識が不可欠であることを説くことにある。ここでも話しかけるのはソクラテスであるが、『アルキビアデス』とは違って、最初からアルキビアデスの天下取りの指南役として自分を売り込むようなことはしていない。とは言うものの、最終的にはアルキビアデスの目を覆っている「霞」を取り除く役をアルキビアデスから仰せつかることに成功していることからすれば、全体としては『アルキビアデス』と同様の流れの作品と見てよいであろう。ただし、ここに登場するアルキビアデスは、『アルキビアデス』の主人公とは違い、極めて素直であり、率直に言ってキャラとしての面白味には些か欠ける。

『アルキビアデス』との関連で重要なのは、この作品においてもソクラテスがアルキビアデスの野望を暴露していることであろう。ソクラテスは怒りに任せて息子たちを呪詛したオイディプスの例を挙げた上で、次のように言う。

先ずは君について言うと、僕が思うに、君がまさにお詣りしに行こうと思っている神様が君の前に現われて、君が何かお祈りする前に、アテナイ人たちの国の僭主になることで十分かと尋ねられたとしたら、そしてそれを君が平凡で大したことではないと考えたとしたら、神様はそれに〈すべてのギリシア人の〉と付け加えられることだろう。ところが、君が全ヨーロッパのでなければまだ少ないと思っているのを御覧になられたとしたら、それもまた君に約束されるだろうし、さらにはそのことを約束されるだけでなく、君が望むなら、その日のうちに全人類がクレイニアスの息子のアルキビアデスが僭主になったということを目にすることになるだろう。そうなったとしたら、僕の思うところでは、君自身、最高最大の善いものを手中に収めたと思って、すっかりご機嫌になって立ち去ることだろう。[60]

まさに既に見た『アルキビアデス』の導入部とそっくりな内容であるが、このソクラテスの言葉に対してアルキビアデスは何の躊躇いも無く、こう答える。

私が思うに、ソクラテス、他の誰であろうと、もしそうしたことがその身に起こるなら、同じだと思います。[61]

この後、最初に述べたように、ソクラテスは願掛けに潜む危険性を指摘し、それを免れるためには、「最善のもの」を認識し、思惑で物事を判断することを避けなければならないことを説く。この点についてはアルキビアデスも納得して終るのであるが、はたしてソクラテスはアルキビアデスの目の「霞」を取り除くことに成功したでであろうか、――その後のアルキビアデスの成長ぶりもしくは堕落ぶりが気になるところである。それを探るためには、我々は『アルキビアデス』と並ぶ重要な史料である『饗宴』におけるアルキビアデスの「告白」に耳を傾けなければならない。しかしその前に、――読者をじらすようで申し訳ないが――我々はもう一つ、ソクラテスとアルキビアデスの関係を知る上でのヒントを与えてくれる作品を見ることにしよう。それは『プロタゴラス』である。

補論2　『プロタゴラス』におけるソクラテスとアルキビアデス

『プロタゴラス』は、ソフィストのプロタゴラスを相手にソクラテスが〈徳は教えることができるか〉、〈様々な徳は同じものか、別のものか〉をめぐって論争する極めて理論的な作品であるが、同時にまた、当時の著名なソフィストがいわばオールスター出演してお得意の理論を披瀝する一種祝祭的な雰囲気を持つ作品でもある。[62] 興味深いのは、この作品の中でアルキビアデスが要所要所に登場し、ソクラテスに援護射撃を行なっていることである。抑々（そもそも）、この作品自体が、アルキビアデスの噂話から始まるのである。そのやり取りは次のようなものである。

ソクラテスと町で出会った友人は、ソクラテスがそれまでアルキビアデスを追っかけ回していたのはお見通しだとした上で、アルキビアデスがまだ美しくはあるが、もう少年ではなく大人になりつつあることを指摘する。これに対してソクラテスは、ホメロスの言葉を持ち出して、その大人になりかけの時期こそが最も美しい時期なのだと反論する。この反論は『アルキビアデス』におけるソクラテスの発言、すなわち、ソクラテスがアルキビアデスに付き纏うのは容姿の美しさの故ではなく、その魂に関心が有るからだとの説明と矛盾するようであるが、ソクラテスによれば、少なくともその日に限っては、その関心はアルキビアデスよりも「最高の知者」——勿論、皮肉も込めてであるが——たるプロタゴラスに向けられていたという。

自分に対するアルキビアデスの態度を尋ねられたソクラテスは、こう答える。

僕の印象では、上々というところかな。特に今日はね。というのも、この僕の助太刀をして、多くのことを僕のために発言してくれたのだからね。僕はたった今、彼の所から戻ってきたばかりなのだ。とは言うものの、僕は君にちょっと奇妙なことを打ち明けたいのだ。どういうことかというと、彼が居合わせたにもかかわらず、僕は彼のことを全く気にかけなかったどころか、彼のことを忘れてしまうこともしばしばだったのだよ。[63]

そしてソクラテスは、アルキビアデス以上に美しい誰かに出会いでもしたのかと驚く友人に対してプロタゴラスの名前を挙げ、「君もお目出度いね。最も知恵のあるものが、より美しく見えないなんてことがあるかね。[64]」と答える。

実はその後の展開では、「徳の教師」を自他ともに任ずるこの最高の知者は、その徳理解の不十分さを露呈することになるのであるが、アルキビアデスそっちのけで徳をめぐる議論に熱中するソクラテスの姿は、クレイトポンの報告するソクラテスの訴えとも、また『アルキビアデス』におけるソクラテスのプロトレプティコス・ロゴスとも合致すると言えるであろう。ただし、この作品が、『国家』第一巻と同様、一種のどんでん返しとアポリアで終っていることは、「クレイトポンの挑戦」の深刻さを窺わせるものでもあるかも知れない。

それはともかく、ここで重要なのはこの作品の中でのアルキビアデスの役回りである。はたして、それは如何なるものであろうか？

冒頭の噂話の場面の次にアルキビアデスの名前が挙げられるのは、アルキビアデスがクリティアスとともに、対話の舞台となるカリアス邸の一室へソクラテスたちに続いて入って来たとの報告においてである。この単なる記述の中で重要なのは、アルキビアデスとクリティアスとの親しい関係が示唆されていることである。ここで示唆されている二人の親密な関係は、後に見るクセノポンのソクラテス弁護の中で重要な役割を果たすことになる。

その後さらに、アルキビアデスが主人のカリアスとともにソフィストのプロディコスを会場に連れて来たことも報告されるが、そのことによってアルキビアデスに対するプロディコスの何らかの思想的影響が示唆されていると取る必要はないであろう。

それよりもむしろ重要と思われるのは、徳の教授可能性に疑問を持つソクラテスがプロタゴラスにその根拠を挙げる中で、他ならぬアルキビアデスに言及していることである。

ソクラテスは、ペリクレスでさえ自分の徳性を他人に授けることができなかったとして、その息子たちとともに、アルキビアデスの弟のクレイニアスの名を挙げて言う。

お望みとあらばお話ししますが、その同じ人間であるペリクレスがこのアルキビアデスの弟であるクレイニアスの後見役を務めていたのですが、彼についてアルキビアデスによって堕落させられることを心配して、アルキビアデスから引き離し、アリプロンの家に置いて教育したのです。ところがペリクレスはクレイニアスをどう扱ったらよいか分らず、六ヶ月も経たないうちにアルキビアデスの許に戻してしまったのです。[65]

この引用の中で教育不可能な事例として挙げられているのは弟のクレイニアスの方であるが、我々が注目すべきは、そもそもペリクレスがクレイニアスをアルキビアデスから引き離した理由が、その悪影響を恐れてだったとされている点であろう。実はこの弟も弟だったらしく、『アルキビアデス』の中では、他ならぬアルキビアデスがクレイニアスのことを狂人扱いしている。[66]またクセノポンの『ソクラテスの思い出』においては、若きアルキビアデスが後見人のペリクレスをやり込めることになるのであるが、その極めて印象的なエピソードについて見るのは後のお楽しみとして、『プロタゴラス』に話を戻そう。

次にアルキビアデスが登場するシーンはこれまでの間接的言及と違って、本人自身が発言し、積極的な役回りを演じるという点で重要である。

『ゴルギアス』においても、再三、対話の進め方をめぐってゴルギアスとソクラテス、あるいはカリクレスとソクラテスの間に意見の相違が生じて対話が中断され、はたして対話を続行すべきか打ち切るべきかが問題になることがあるが、この『プロタゴラス』においても、一問一答形式での対話を望むソクラテスと長広舌を揮うプロタゴラスの間に対立が生じる。そこで主人役のカリアスが、「プロタゴラスが、自分は自分ののぞむようなやり方で、君は君でまた自分ののぞむようなやり方で話し合う自由を要求しているのは、正当な言い分だと思う」と述べたのを承けて、アルキビアデスが発言する。

あなたの主張は適切とは言えませんね、カリアス。というのも、このソクラテスは長広舌については得意でないことを認めてプロタゴラスに譲っているけれども、対話する能力、つまり言論をやり取りすることに通じている点で、もし誰かに引けをとるようなことがあるとしたら、私は吃驚(びっくり)するだろうからです。勿論、プロタゴラスも対話することに関してはソクラテスよりも劣っていることを認めるのであれば、ソクラテスも納得することでしょう。しかし、もしその点でも張り合うつもりなら、問いかつ答えながら、対話してもらおうではありませんか。それぞれの質問に対して一々長広舌を揮ったり、論点をはぐらかしては理論的に説明することもしないまま、聴衆の多くが問われている事柄をすっかり忘れてしまうまで延々と話し続けたりせずにですね。[67]

アルキビアデスの発言は未だ続くが、アルキビアデスがソクラテスに加勢しようとしていることを知るには、以上で十分であろう。この発言から窺われるのは、アルキビアデスがソクラテスの問答あるいは対話の場に幾度となく居合わせたことがあり、ソクラテスがこれまでの対話の中で相手に引けを取った験しが無い、いわば連戦連勝で来たことを目の当たりにしているということとである。このこともまた、クセノポンのアルキビアデスに対する非難を考える上で、重要な要素になり得るであろう。

以上のアルキビアデスの発言に関連してもう一つ注目すべきは、ソクラテスの記憶によれば、アルキビアデスの次に発言したのがクリティアスだったとされている事実である。

クリティアス（前四六〇年頃-四〇三年）はプラトンの母の従兄弟であり、前四〇四年にアテナイがラケダイモンに降伏した直後に設立された三〇人政権の首領だった人物である。

また彼の作とも伝えられる『シーシュポス』という物語においては、神々が人間を創ったのではなく、昔の知恵者が人間の不正を働くのを抑えるために、監視者にして懲罰者でもある神々という観念を考えだしたのであるとの極めて近代的な宗教観が述べられている。[68]

このことからも、クリティアスが卓越した、しかしシニカルな知性の持ち主だったことが窺えるが、この場におけるクリティアスの発言に限って言えば、ソクラテスあるいはプロタゴラスの何れの肩を持つべきでもなく、中立公正を重んじるべきであるという、悪名高いこの人物にしては上出来な内容であると言えよう。しかしここで重要なのは、入室の際と同じく、アルキビアデスと続けてクリティアスが登場させられている点である。

さて、この場面でアルキビアデスはプロタゴラスを弁護するカリアスとプロタゴラス本人を批判しているわけであるが、別の大物ソフィストであるヒッピアスに待ったをかけるシーンもある。

それはプロタゴラスが自分の得意とする文芸解釈の土俵にソクラテスを引っ張り込もうとしてシ

モニデスの詩の解釈を披露し、ソクラテスもまた負けじと自分の解釈——かなり無理筋のように思われはするが……——を展開した直後のことである。ソクラテスの解釈を聞き終わったヒッピアスは次のように言う。

ソクラテス、君もその歌についてなかなか上手く解釈してみせたように僕には思える。しかし実は僕にもね、その歌についてはよくできた説があるのだよ。もし諸君がお望みなら、一つそれを諸君に御披露しようかと思うのだがね。[69]

こう語るやる気満々のヒッピアスに対して、若者アルキビアデスは、にべもなく言い放つ。

ええ、ヒッピアス、今度また。[70]

そして続ける。

ところで今なすべきことは、プロタゴラスとソクラテスがお互いに同意したこと、つまり、プロタゴラスがまだ質問したければソクラテスがそれに答え、逆にプロタゴラスがソクラテスに対して答えたいのならば、もう一方が質問するということです。[71]

若造にこんなことを言われてヒッピアスがどのような気持になったかは分らないが、相手が誰であろうと物怖じしないアルキビアデスの性格がよく出ている発言ではある。と同時に、アルキビアデスがソクラテスの肩を持ちながらも、対話のルールとでもいったものを守ることを要求している点は評価すべきであろう。少し先の所でもまた、アルキビアデスはプロタゴラスの態度を非難して言う。

カリアス、あなたには今でもプロタゴラスの振舞が立派だと思えますか。説明しようともしなければ、はっきりさせようともしないのに。というのも、僕にはそう思えないからです。いや、彼に対話を続けさせるか、さもなければ、対話したくないのだと彼の口から言わせてください。そうすれば我々は、そうした点に関して彼がどういう気持なのか知ることができるでしょうし、ソクラテスはソクラテスで他の誰かと対話したり、あるいは他の誰でも対話したいと思う者が別の人と対話できることでしょうから。[72]

このように、ソクラテスが「この僕の助太刀をして、多くのことを僕のために発言してくれた」と語っていたとおり、アルキビアデスは臆することなくソクラテスの援護射撃を行なっているわけであるが、そこから浮かび上がる幾つかの点を指摘すれば以下のとおりである。

先ず、上にも述べたように、年長者、それも有名人を相手にしても遠慮も躊躇もしない性格、よく言えば率直、悪く言えば生意気な性格である。これには、自分がアテナイでも有力な一族の子弟であるという自負も作用しているかもしれない。特に、プロタゴラスやヒッピアスのような有名ではあっても他所者であるソフィストに対しては、そうした意識が自ずと増幅されても不思議は無いかもしれない。しかし、アテナイの裕福な市民であるカリアスに対しても率直な批判をぶつけているところを見ると、自国民であろうが他国民であろうが、有名であろうがなかろうが、アルキビアデスにとっては問題ではないようである。年長者から見れば長幼の序を弁えない「生意気な小僧」とも映るであろうが、それは前節で見たニキアスの言葉からも感じられる要素ではないだろうか。勿論、それはもっと大人になってからのアルキビアデスに向けられた言葉ではあるが。

次に言えるのは、生意気と思われたとしても、その発言内容自体は的を射たものであり、対話のターニングポイントで話を進めることに寄与していることである。これはアルキビアデスの早熟さ、利発さを物語るものであり、『アルキビアデス』において発揮されている頭の回転の速さが、ここでも裏書きされていると見てよいであろう。

また、外的な要素ではあるが、これまでに取り上げた作品と、これから取り上げる作品との関連で重要と思われる点をつけ加えれば、ここでもアルキビアデスの美しさに関しては皆が一致して認めるところとされていることである。また繰り返し指摘したように、アルキビアデスとクリティアスがセットにして報告されていることも注目される。ただ一つだけ、『アルキビアデス』『第二アルキビアデス』との重要な違いがある。それはアルキビアデスの野望については、全く記述が無いことである。その原因はおそらく、この作品の主役は――ソクラテスを括弧に入れれば――あくまでもプロタゴラスであり、アルキビアデスは舞台回しを務める脇役に過ぎないからであろう。しかし、プラトンの作品としては最後に取り上げる『饗宴』においては、今一度この野望に触れられることになる。それも、アルキビアデス自身の口を通して。

3 宴席乱入
――プラトン『饗宴』におけるアルキビアデス

『饗宴』は、数あるプラトン対話篇の中でも最も華やかで祝祭的な雰囲気に包まれた作品と言ってもよいであろう。それもそのはず、それは悲劇作家アガトンがコンクールでの優勝を祝うために自宅に客を招いて設けた席を舞台に、招かれたゲストたちによって繰り広げられるロゴス――エロース賛美――の競演だからである。その何れのスピーチをとってもなかなか示唆に富む内容であるが、我々の関心は、実は招かれざる客のロゴスにある。すなわち、アルキビアデスの発言である。パイドロスによるエロース論に始まって、ソクラテスによるディオティマのエロース論の紹介を以て宴も完結したかに見えたまさにその時、この招かれざる客は宴席に乱入するのである。

アルキビアデスは足下も覚束ないぐらい酩酊していて、お供の笛吹き女たちに支えられながらやっと皆のところまでやって来たという。そして頭には花輪を戴き、髪には多くのリボンを結びつけていたとの描写からは、女性的なイメージを受けるが、これはいつものアルキビアデスのスタイルだったようである。伝えられるところによれば、アルキビアデスは女性のように裾の長い服を着て、いわば歌舞いていたらしい。なかなかイメージするのが難しいが、今は亡きジョージ秋山氏の人気漫画『はぐれ雲』の主人公のしどけない着流し姿をもっと豪華もしくはケバく？したような感じであろうか。

アルキビアデスが先客たちの間——図らずも主人のアガトンとソクラテスの間——に席を占めるに至るその後の経緯については省略し、アルキビアデスのロゴス、そのソクラテス評——それは同時に赤裸な自己告白でもあるが——に耳を傾けることとしよう。

ロゴスについて

アルキビアデスは先ず、ソクラテスの外見と内面のギャップを指摘し、シレノス[73]やマルシュアス[74]にその外見を喩えるが、その内には滑稽な容貌からは想像もつかないような崇高な内面性が秘められているとする。そして笛の名手マルシュアスに喩えて、ソクラテスのロゴスの素晴らしさ

を称揚する。曰く、

あなたは、この点が、あのマルシュアスと違っているだけです。つまり、楽器を用いずに、ただの言論だけでそれと同じことを成し遂げるという点です。実際、僕たちは他の誰か、それもとても優れた弁論家が別の話をしているのを耳にする時にも、いわば誰一人として全く氣にも止めないのです。ところが、人があなたの話に耳を傾ける、あるいはあなたの話を誰か他の者が語るのを耳にするときにはいつでも、たとえその語り手がとても下手だったとしても——話を聞くのが女であろうが、男であろうが、小僧であろうが——我々は皆、衝撃を受け、その虜になってしまうのです。[75]

アルキビアデスによれば、ソクラテスの言葉がもたらす作用は次のようなものである。

僕が耳を傾けるや、コリュバンテスたち[76]以上に僕の心臓は高鳴り、この人の話のために涙が溢れ出るのだ。そして他のとても多くの者たちもまた、同じ体験をしているのを目にするのだ。[77]

この言葉、どこかで聞いたことが有るような気がしないだろうか、——いかにも、クレイトポンがソクラテスのロゴスについて述べていた言葉である。

クレイトポンもまた、アルキビアデスに劣らず熱っぽく賞賛して言う、私はあなたと一緒にいてお話を聞きながら、本当に何度も感嘆したのです。そして、あなたが世間の人々を非難して、まるで悲劇の機械仕掛けの神様のごとく次のように滔々と語られるたびに、他の人間と比べてこの上もなく立派に語られていると思えたのです。

二人ともソクラテスの話から受けた感動・感銘を語っているのであるが、興味深いのは、共に人間離れした喩えを持ち出していることである。アルキビアデスはソクラテスの話を耳にした自分の興奮状態を大声で叫びながら踊り狂うコリュバンテスの信徒のそれに比している。それに対して、クレイトポンは自分の心理状態ではなく、語り手のソクラテスの様子を機械仕掛けの神に喩えているという違いはあるが、どちらの場合も、一問一答形式で問答を進めるソクラテスの日頃の姿と結びつきにくい印象を与えるのは事実である。そこから、例えばクレイトポンの場合には、槍玉に挙げられているのは実はソクラテスではなく、アンティステネスであるといったブリュンネッケのような解釈も出て来るのであるが、しかし、よく考えてみると、必ずしも結びつかないと考える必要は無いのかもしれない。

先ず、第一章で見たように、『クレイトポン』において「機械仕掛けの神」にも喩えられるソクラテスのロゴスは、内容的には、プラトンの『ソクラテスの弁明』におけるアテナイに対する叱責などと共通するものであり、また本章第二部で見た『アルキビアデス』はペルシアとラケダイモンについての長話を除けば一問一答形式ではあるが、しかし、アルキビアデスにいわば劇的な回心をもたらしてもいるからである。

いずれにしても重要なのは、アルキビアデスとクレイトポンの二人とも、ソクラテスのロゴスに感銘を受けたことを認めている点であるが、問題はそれが長続きしたかどうかである。クレイトポンの場合は、「それから？」に対する答が与えられないことに痺れを切らして最後通牒を突きつけるに至ったのであるが、アルキビアデスの場合はどうであろうか。

アルキビアデスの場合、事情はもっと複雑なようである。アルキビアデスは讃辞を続けて言う。

> 他方、ペリクレスや他の優れた弁論家の話を聴く時には、話しが巧いとは思ったけれど、そのような体験をしたことは何一つなければ、私の魂が波立たされたこともなく、自分が奴隷のような有り様にあるとして悩み苦しむこともなかったのです。[78]

この中にある「奴隷のような有り様にある」という表現があるが、これを見て『メノン』におけるシビレエイの喩えを思いおこす読者もいるかも知れない。つまり、自分の思い通りに手足を動かそうにもままならないという囚われの状態である。

〈徳とは何か〉をめぐってアポリアに追い込まれた対話相手のメノンは言う、

ソクラテス、私はあなたとお付き合いする前から、あなたがなされることはといえば、御自身が行き詰まると同時に、あなた以外の者たちも行き詰まらせることに他ならないとは耳にしていました。そして今もまた、私に思われるところでは、私に対して呪文を唱え、秘薬を使って魔法をかけ、すっかり行き詰まって身動きできない状態に追い込んだのです。つまり、あなたは全くもって、――少しからかって言えば――、見かけの点でもその他の点でも、海に棲む平べったいシビレエイそっくりなのです。というのも、その魚は近づき触れるものがあるごとに痺れさせるのですが、あなたもまた、今、この私をそのような状態にしてしまったように私には思えるからです。[79]

しかし、そこにおける比喩は、ソクラテスの論駁（エレンコス）がもたらす作用、すなわち、対話相手が論理的に反駁されてアポリアに陥り、にっちもさっちも行かなくなることを指しているのに対し、ここでの喩えには単なる論理的な袋小路以上のものが込められているようである。アルキビアデスは言う。

ところが、このマルシュアスの手にかかると、幾度となく、自分が今あるような状態では生きるに値しないと思う状況にまで追い込まれたのです。[80]

このようにソクラテスとの対話が単なる論理的整合性の吟味に止まらず、対話相手の生き方の吟味にまで及ぶものであることについては、ニキアスもまた『ラケス』の中で証言している。その中でニキアスは、ソクラテスと対話するように求めるリュシマコスに対して、その無知を諭すかのように、ソクラテスのロゴスの特質を明らかにして言う。

私には、あなたが次のことをご存知ないように思われるのです。つまり、誰でもソクラテスの間近にあって対話を交わしながら交際しようとする者は、たとえ最初は何かほかのことについて対話をはじめたとしても、彼に議論（ロゴス）によって引きまわされ、ほかならぬ自分自身について、〈現在どのような仕方で生きており〉、また〈すでに過ぎ去った人生をどのように生きてきたのか〉について説明することを余儀なくされる羽目におちいるまでは、けっして対話を終えることはできないのだということをです。また一旦その人がそういう羽目におちいるならば、ソクラテスは以上の点のすべてにわたって、十全かつ立派に吟味しつくすまで、彼を釈放することもないだろうということもご存じないようです。[81]

アルキビアデスもまた、このニキアスの言葉の例外ではなかったことになる。そして『饗宴』のアルキビアデスも、先の言葉に続けて、『アルキビアデス』におけるソクラテスとの対話の内容を思い起させることを口にする。

実際、今でも僕自身が意識していることだが、もし僕がこの人の話に耳を貸そうものなら、決して持ちこたえることができず、同じ目に遭うことだろう。それというのも、この人は僕に自分自身がまだ多くの点で欠けているところがあるにもかかわらず、自分自身を蔑ろにしてアテナイ人たちの面倒を見ようとしているという事実を認めざるを得ないように強いるからだ。[82]

まさにこれは、『アルキビアデス』の中で起きたことであった。が、今のアルキビアデスはそれに耐えられない。

そんなわけで僕はまるで力ずくでセイレーンたちの声から逃れるようにして、耳を塞いで逃げ去るのだ。その場でじっとしたまま、この人の傍で年をとってしまうことのないようにね。[83]

このソクラテスのロゴスからの逃避は哲学からの逃避を意味するが、この言葉の中でアルキビアデスはまた、それと意識することなく、『ゴルギアス』において提起される〈観想的生〉すなわち哲学と〈実践的生〉すなわち政治のどちらを選ぶべきかという、生の択びに触れているとも言えよう。『ゴルギアス』においては、カリクレスがこの二者択一をソクラテスに突きつけ、哲学を捨て、「男らしく」政治に向かうべきことを迫るのであるが、それに対してアルキビアデスにはまだ迷いがあるようである。彼は続けて言う。少し長くなるが、重要と思われるので纏めて引用する。

しかし僕は、人間の中でもこの人に対してだけ、――人はそんなものが僕のうちにあるとは思いもよらないだろうが――、凡そ人に対して恥ずかしく思う気持を感じさせられるのだ。僕はね、この人に対してだけ恥ずかしく思うのだ。それというのも、この人が命じることをしなくてもよいと反論することができないことは自分自身でも分っているのに、この人の許を立ち去るといつでも、大衆から与えられる名誉に負けてしまうことも承知しているからだ。

そこで走り去って彼から逃げるのだが、それでいて彼の姿を見ると、二人の間で約束されたことを思い出して恥ずかしく思うのだ。だから、彼の姿が人間の間から消え去ってしまったら嬉しいのにと思うことも再三なのだ。でも、そうなったらそうなったでまた、もっとずっと悲しい思いをすることになることもよく分っているのだ。そういうわけで、この人をどうしたらよいのか、僕には分らないのだ。[84]

ここで何よりも注目されるのは、アルキビアデスが「恥ずかしく思う気持」(to aischynesthai)すなわち羞恥心を告白していることであろう。記憶の良い読者は、他ならぬこれと同じもしくは同族の表現が『アルキビアデス』でも再三語られていたことを思い起されることと思う。例えば、以下の箇所である。並べて引用する。

いやはや、もしこうだったとしたら、とてもみっともないこと（aischron）になるだろうね。（中略）ところが、それに関して君が識者であるふりをし、知識のある人間として立ち上がって助言しようとしているまさにその事柄について尋ねられた時には何も言うことができないとしたら、きみは恥ずかしくないだろうか（ouk aischynei）。それとも、みっともないこと（aischron）だとは思えないのかね。[85]

実際、君には恥ずべきこと（aischron）だとは思えないだろうか。もし敵のご婦人たちの方が僕たちについて、どのような性質の者になってから彼らを攻めるべきかに関して、僕たちが僕たち自身について考えている以上によく考えているとしたらね。[86]

いやまったく、神々にかけて、ソクラテス、僕自身も自分が何を言っているのか分からないのです。どうも僕は自分が以前からこの上もなく不様な状態（aischista）でいたことに気づいていなかったようです。[87]

最後の引用に明確に示されているように、まさに「鏡」としてのソクラテスに映る己の恥ずべき姿にアルキビアデスは呆然としているのであるが、そうした自己に直面することを避ける道はただ一つ、――その鏡から目を背けること、逃げ去ることである。

そして実はこのアルキビアデスの告白の中に、第1章で宿題にした『クレイトポン』末尾の謎めいた言葉を解くための一つのヒントが隠されているように、筆者は思うのである。クレイトポンはそこで、徳の勧めを既に受けてしまった者にとって、ソクラテスの存在は「徳の極みまで突き進んで幸福になるためには邪魔も同然だと主張することになる」可能性を示唆していた（本書二六―二七頁参照）。役に立たないと言うならまだしも、邪魔も同然とはどういう意味であろうか。その真意をアルキビアデスの言葉を手掛かりに探れば、あるいは次のような解釈も可能かも知れない。

すなわち、徳の重要性は認識したもののそれに至る道を示してもらえない者は、徳の追求にはさっさと見切りをつけて、世俗的な意味での幸福――「大衆から与えられる名誉」もその一部と言えるであろう――の獲得に邁進しようと欲するものの、アルキビアデス同様、見切りをつけた筈の徳の勧めの余韻に後ろ髪を引かれ、ブレーキをかけられる、――つまり、それが邪魔だというのではないだろうか。ソクラテスの姿が「人間の間から消え去ってしまったら嬉しいのに」とのアルキビアデスの言葉は、この推測が必ずしも的外れでないことを物語っているように思われる。

が、それでも依然として謎は残る。なぜなら、「幸福」は「徳の極み」に待っていると考えられているからである。しかし抑々（そもそも）、クレイトポンがソクラテスに見切りをつける理由が徳に至る道を示してくれないことにあったとすれば、一体どうやってクレイトポンあるいは同様の状態にある者たちは「徳の極み」にまで達することが出来るのであろうか。このアポリアから抜け出る道としては、クレイトポンの最後の言葉の中の「徳」を、これまた世間的な意味でとる他はないように思われる。すなわち、価値中立的な卓越性（excellence）の意味においてである。もしそれが許されるならば、弁論や戦略に卓越した才を発揮したアルキビアデスもまた、十分「徳の極み」に達していたと考えられそうである。それでもなおアルキビアデスは引き裂かれた意識に苛まれ続けていることを告白しているのであるが、クレイトポンについてはどうであろうか。既に見たように、クレイトポンが最終的には「父祖の法」に回帰したことを思えば、この道を突き進むことはなかったと見てもよいのかも知れない。

さて、ここでもう一つ重要なのは、傍線を付した「二人の間で約束されたこと」（ta hōmologēmena）とは何か、ということである。『饗宴』については多くの註釈、訳書があるにもかかわらず、残念ながら管見の限り、この内容について問題としているものは見当たらないようである。ドーヴァーも註をつけてはいるものの、全く役に立たない。では、何を指すのか？——ここで当然、『アルキビアデス』を知る我々は、その最後の場面でのアルキビアデスの約束もしくは決意表明を思い起すのではないだろうか。いったいどのように彼は言っていたであろうか。

たしかにそう申しましょう。でもそれに付け加えて、僕としてはこう申し上げたいと思います。つまり、僕たちは役割を交換して、あなたの役を僕が、僕の役をあなたがすることにしましょう、ソクラテス。というのも、この今日という日から、どうあっても僕があなたの守り役のようにあなたに付き纏い、あなたは僕に付き纏われることになるのですから。[88]

そして、こう覚悟のほどを披瀝していたのである。

僕は今からさっそく、正義に配慮することに取りかかろうと思います。[89]

仮にこの推測が当たっているとすれば、我々はここに intertextual な呼応を見出すのであり、『アルキビアデス』を真作と見る一つの論拠と見なすこともできるのではないだろうか。それはそれとして、あの時のアルキビアデスの覚悟やよし、ところが今は……ソクラテスの危惧は的中したのである。

『饗宴』のアルキビアデスの話はこれで終わりではなく、有名な誘惑エピソードをめぐる告白を始めとして、いわばあらゆる徳を兼ね備えたモラル・スーパーマンとしてのソクラテス賛美が続くが、それについての解釈は諸家に委せることとしたい。ただ一言付け加えれば、個人的には『ラケス』におけるラケス、ニキアス両将軍によるソクラテス賛美の方が地味ではあるが好ましく思われる。

次にアルキビアデスの宴席乱入という行動が意味するものについて、少しく検討しておくこととしたい。

エルゴンについて

招かれざる客としてのアルキビアデスの乱入に関して特に注目したいのは、以下の二点である。すなわち、

（i）遅れてやってきたこと。

（ii）飲酒の強要。

である。

先ず（i）についてであるが、抑々、招かれていないわけであるから、「遅刻」ということにはならないが、重要なのは、ソクラテスのスピーチが終ってから登場したことであろう。このことは諸家も指摘するように、ソクラテスが語ったディオティマのエロース論をアルキビアデスが聞くこと無しに、自分のソクラテス賛美を始めたことを意味する。周知のごとく、ディオティマのエロース論は個別的・感覚的な美しい肉体への愛から出発しながらもそれに留まることなく、肉体の美しさから魂の美へ、さらには美風や知識にまで徐々にその対象を深化・拡大し、「美の

大海原」を経験することを通して、やがて「美そのもの」の観照へと上昇すべきことを説くものである。その道行きは「美の階梯」にも喩えられるが、それは感性的な美から超感性的な美へと登り詰める過程を象徴するものである。

かかるディオティマの〈美の形而上学〉を背景としてアルキビアデスのソクラテス賛美を改めて眺めてみると、その特異性が際立つように見える。アルキビアデスは一方でソクラテスの外観のユニークさを強調している点では個別的・感覚的な肉体に囚われているようであるが、他方ではその肉体のうちに隠された神々しいまでの内面性を讃嘆しており、その限りにおいては、「美の階梯」の少なくとも最下段に留まってはいないと言えそうである。と同時に、自分の現状に羞恥心を覚えると告白しているところから見ると、『アルキビアデス』の言葉で言えば、自分の魂が「この上もなく不様な状態」にあることを自覚していると見ることもできよう。そしてソクラテスが体現するものが哲学であり、ディオティマが語っている「美の階梯」がそのプログラムであるとすれば、アルキビアデスは自分の不様さから脱出する道はソクラテスとともに哲学することを擱いて無いことを痛切に感じているのである。それでいながら、本人が自認するとおり、「大衆から与えられる名誉」に負けて政治から足を洗うことができないのである。

このように相反するベクトルを持つ両極によって引き裂かれた自己意識、あるいは〈どっちつかず〉とも〈宙ぶらりん〉とも言える精神状態、——それは、ある意味では、ディオティマが語るエロース——貧乏な母親ペニアーとリッチな父親ポロスの間に生まれた——そのものの姿を思い起させる。そして興味深いのは、ディオティマがまるでアルキビアデスを念頭に置いているかのようにしてエロースを描写していることである。彼女によれば、エロースは豊かなポロスと貧しいペニアーの息子として生まれたが故に、偶々次のような性質を帯びることになったとされる。

先ず第一に、いつでも貧しく、多くの者が思い込んでいるように優雅で美しいなどとはとんでもない話であって、ごわごわして干涸びていて、履く物もなければ家もなく、いつも地べたの上に敷くものもないまま横たわり、家の戸口や何の覆いもない路の上で眠りにつくのです。つまり、母親の持って生まれた性質を受け継いでいるために、いつでも欠乏と一緒に暮らしているのです。[90]

貧乏というのは金持ちのアルキビアデスには当てはまらないではないかとの声があるかもしれないが、本当にそうであろうか。「多くの点で欠けているものがある」と語っていたのは、当のアルキビアデス自身だったのではないだろうか。実は引用文中で「欠乏」と訳されている語は endeia であり、「欠けている」と訳していた語は endeia の形容詞形である endeēs に他ならない！　また住む家がないどころか豪邸に住んでいたのではないか、とも言われそうであるが、本国アテナイに背を向けてラケダイモンに赴き、その後も休む間もなく各地を転戦、一旦、アテナイに迎え入れられたと思ったら、また追われ、そして亡命先で刺客の凶刃に倒れるというその生涯は、まさにホームレスそのものなのではないだろうか。あるいは、より深い意味で、そこに「故郷喪失」、Heimatlosigkeit を見出すこともできるかもしれない。

以上の性質は母親から受け継いだものとされるが、一方、父親から受け継いだとされる性質もまた、アルキビアデスと符合する点が多いのには驚かされる。ディオティマは言う。

一方ではまた、父親譲りの性質で美しいものや善いものを狙って策をめぐらし、勇敢で威勢がよくて張り詰めていて、腕の立つ狩人であり、いつでも何らかの手立てを編み出すのです。また思慮を求めては手に入れ、一生を通じて知を愛し求め続ける、練達の魔術師にして薬師（くすし）、ソフィストでもあるのです。さらには不死なる者としても死すべき者としても生まれついておらず、恵まれた時には栄えて生を謳歌したかと思えば、同じ日のうちに死んでしまい、それからまた反対に父親の本性のおかげで生き返るのです。補給されたものも絶えず減って行く結果、エロースは物に事欠くこともなければ豊かになることもなく、知恵と無知に関しても中間にあるのです。[91]

この引用冒頭で言われている「美しいもの」「善いもの」は複数形であり、日常的意味からすればアルキビアデスが求める名声や権力も含まれると考えてよいであろうし、勇敢さにしても人並み以上であることは認めてよいであろう。また威勢の良さも勢いよく物事にぶつかって行く性向をさすことからすれば、アルキビアデスにも当てはまるであろう。「腕の立つ狩人」に至っては、まさにアルキビアデスに打ってつけの喩えではないだろうか。策や手立てに窮することがないとの指摘も、アルキビアデスの卓越した戦略家としての手腕を見ればオーヴァーとは言えないであろう。問題になるとすれば、「一生を通じて知を愛する者」といった形容が、はたしてアルキビアデスに当てはまるかという点であろう。ここで「知を愛する」と訳されている語は「哲学する」と訳されることも多い動詞 philosopheō の現在分詞形であり、「一生を通じて」となれば、アルキビアデスよりもソクラテスにこそ当てはまると思われそうであるが、しかし、その後でディオティマが「ソフィスト」と言っていることからすれば、ソクラテスには当てはまらないとみるべきであろう。またその後にディオティマが語る言葉にも注目する必要がある。すなわち、既に知を所有している神や知者だけでなく、無知な者もまた知を求めようとはしないとして、次のように説明する。

無知な者たちもまた知を愛することもなければ、知者になりたいと欲することはないのです。というのも、まさにこのこと、つまり、本当は美しくも善良でもなければ思慮に富んでもいないのに、自分自身は十分だと思い込んでいることこそ、手に負えない無知だからです。したがって、自分に欠けたところがある（endeēs）と思っていない者が、欠けているとは思っていないものを欲することはないのです。[92]

引用文中の「欠けたところがある」の原語は、先に見たように、アルキビアデスが告白の中で自分を指して使っている単語そのものである。

が、それではアルキビアデスを「ソフィスト」と言えるのか、との疑問が出されるかもしれない。しかし、我々が既に見たトゥキュディデスが伝えるアルキビアデスの演説は弁論家のそれであり、アルキビアデスがソフィストに劣らぬ弁論術の伎倆の持ち主であったことは間違いないであろう。

以上、我々はアルキビアデスが〈遅れて〉宴に参加したことの解釈から出発して、本人が登場する前のディオティマのエロース論について見て来た。仮に筆者が示唆したように、ディオティマが語る中間者としてのエロース像が、全体的に見てこれから登場するアルキビアデスの性質を先取りするものであるとするならば、我々はこうした作劇法を〈劇作上のプロレープシス〉と名づけることができるかもしれない。プロレープシスとは古典ギリシア語の修辞上の技法の一つで、本来は従属文の主語であるものを強調のために前の主文の中に置くことをいうが、強調とはいえないまでも、アルキビアデス登場のお膳立てをしていると見ることはできそうである。

アルキビアデスはなるほど「遅れて」やって来たが、実はその姿は予示されていたと言えるのかも知れない。

次に(ii)の飲酒の強要についてであるが、ディオティマの口を借りたソクラテスのエロース論が終わり、屋敷の入り口で騒ぎが起きた時に主人のアガトンも誰が来たのか分からなかったことからみても、アガトンがアルキビアデスの到着を待っていなかったことは明らかである。要するにアルキビアデスは酔った勢いで勝手に押しかけたわけであるが、その行為自体が暴力的であり、その強引さは宴席に加わってからも遺憾なく発揮される。席を占めるや否や、皆に酒を飲むことを強要するのである。

お見受けするところ、皆さんは全くもって素面の御様子ですな。となると、皆さんに任せてはおけませんね。いや、飲まなければいけない。だって、そうすると僕たちは約束したではないですか。しからば僕は、自分自身をこの酒宴の長に任命します。皆さんがしこたま飲むまでね。さあアガトン、何か大きな杯があれば持ってこさせてくれ。[93]

まるで誰が主人か分からない言いぐさであるが、ここで注目すべき言葉は、自分自身を「酒宴の長」に選ぶとの宣言である。「酒宴」の原語は」posis で「酒を飲むこと」もしくは「飲み会」を意味し、「長」の原語は「支配する」を意味する動詞 archeō の現在分詞形である。[94] 従って直訳すれば「飲むことを支配する者として自分で自分を選ぶ」といった意味になる。我々は『アルキビアデス』においても、アルキビアデスの野望が全世界を支配することにあるのを見たが、この小さな集まりの場においてもまた、アルキビアデスは勝手に自分をその支配者に任命しているのである。この点に関連して、グリッブルはアルキビアデスの一連の振舞について、次のような示唆に富むコメントをしている。

　ここで描かれるアルキビアデスという人物の道徳的水準と彼が体現する危険性は、他の饗宴参加者たちの文明化された会話の輪の中に泥酔した状態で暴力的に乱入し（212c-e）、然るべき飲酒の決まりをひっくり返すことによって象徴的に示唆されている。[95]

そして、

　ギリシア人たちにとって、飲酒を注意深く抑制することは、とりわけ饗宴における細かい決まりにおいては、肉体的な快楽を控える能力の指標であり、抑制されない飲酒は危険かつ野蛮な徴候と見なされていた。[96]

と付け加えている。

さらにグリッブルは宴会を国の縮図と見て、ここにアルキビアデスの政治に向き合う姿勢との親縁性を見て取る。

　かくして、アルキビアデスがまるで僭主のようにして、民主的に選ばれた饗宴の長

（symposiarch）を放逐するのは、国に関わる彼の態度と対応している。それは、饗宴と『饗宴』双方の本来的に政治的な次元を鮮やかに提示するものである。[97]

はたしてこの場での本来の「饗宴の長」が主人のアガトンを指すのか、それとも宴の冒頭で二日酔いに苦しむ参加者たちに酒抜きでロゴスを楽しむべきことを説く医師のエリュクシマコスを指すのかは明らかでないが、何れにしても、後から、しかも招かれたのでもない人間がその場を仕切ろうとする振舞が度外れなものであることは明らかであろう。

グリッブルが註で引用しているフークは、その卓越した註解の当該箇所で次のように述べている。

共に飲むか、飲まないかとの213Aでの（アルキビアデスの）問いかけに対しては全員が賛意を示した、すなわち、『すると全員が歓声を上げた』のである。そこまでは、アルキビアデスは正しい。つまり、他の者たちは飲むべく義務づけられているのである。これに対して、彼は自分自身を『酒宴の長』に選んだことによって、慣行を踏み越えたのである。[98]

そして、プラトンの『法律』の中で、「酒宴の長」が具えるべき要件が述べられている箇所（第一巻640C6–D7）に言及している。そこでは、アテナイからの客人が、「酒宴の長」に選ばれるにふさわしい者として、次のような人物を挙げている（フークに少し補足して紹介する）。すなわち、「大騒ぎしない者」「思慮に富む者」である。言い換えれば、「素面で知性のある者を酔っぱらっている者たちの支配者として任命しなければならない」のである。これに対して、「自身が酔っぱらった状態で、しかも若くて知性を欠いた者が酔っぱらっている者たちを支配する場合に、もし彼が大失態を仕出かさずに済んだとしたら、それは大変な幸運の賜物」なのである。フークによれば、アルキビアデスの場合はまさに後者、「酔っぱらって素面の者たちを支配する者」なのである。[99]

このように、アルキビアデスの一連の振舞は、その内奥に潜む暴力性と反社会性を露わにするものである。また、既に泥酔している上にさらに飲もうとしていることには、その節度のなさ――羽目を外しっぱなし――と享楽主義が示されている。その点では、アルキビアデス自らが認めるように、ソクラテスと好対照をなすが、しかし忘れてならないのは、アルキビアデスの意識の中に常にそのようなソクラテスの姿が入り込み、付き纏っていることであろう。そこにおそらくは、多くの類似点を含みながらも、アルキビアデスとカリクレスの違いがあるように思われる。そこで我々は、このアルキビアデスという、ソクラテスに劣らず複雑な人格の内面をより深く探るために、カリクレスとの比較に進むこととしよう。

4 カリクレスとアルキビアデス

この二人の比較に入る前に、『ゴルギアス』を未読の読者のために簡単に説明を加えることにしよう。英国の高名な文献学者ドッズはこの作品を、数あるプラトン対話篇の中でも「最も現代的な作品」とし、そこで提起される「民主主義社会におけるプロパガンダをどうコントロールするのか」、また「伝統的な諸価値が崩壊した社会の中で道徳の基準をどのようにして再構築するのか」という問は、「二十世紀の中心的な課題」でもあることを指摘している[100]。この二つの課題は二十一世紀の課題でもあるが、ドッズが指摘するように、紀元前五世紀のアテナイの焦眉の課題でもあったと考えられる。そして、まさにそのような時代の危機的な精神的状況の中で、アルキビアデスは生きたのだと考えられる。

アルキビアデスが実在した人物であるのに対して、カリクレスは『ゴルギアス』の中でソクラテスと対話する三人の登場人物のうちの一人であるに過ぎず、はたして実在したかどうかは今なお確定していない。他の二人は、弁論術の大家であるゴルギアスとその高弟のポロスであり、二人とも実在した人物である。作品の中では、最初にゴルギアスが対話し、ソクラテスによって自己矛盾に追い込まれたところで弟子のポロスが登場してソクラテス相手に論争を挑むことになる。

が、ポロスもまた論駁されたところで登場するのが、最終かつ最強の挑戦者カリクレスである。そして、歴史的に実在したかどうかは括弧に入れて、この三人の対話相手の中で、最も存在感があるのがカリクレスであることに同意しない読者は殆どいないであろう。では、そのカリクレスとはいかなる人間なのか？　ソクラテスとの対話の過程で示されるロゴスとエルゴンからその人物像を浮き彫りにし、これまで見て来たアルキビアデスのそれと対比してみることにしよう。

ロゴスについて

カリクレスが話に割って入るのは、二番目の対話相手であるポロスもまたソクラテスに論駁されて、すっかり大人しくなってしまった時点である。カリクレスは的確にも、ポロスの敗因が「不正を加えることの方が、不正を加えられることよりも醜い」との主張を認めたことにあることを指摘した上で、ピュシス（自然）とノモス（道徳、法などの行為規範）という概念を導入し、ソクラテスはこの二つの概念を巧妙にすり替えることによって相手を矛盾に追い込んだのだとして非難する。[101] そして、自然本来の姿においては、「不正を加えられること」の方が「不正を加えること」よりも醜く恥ずべきことなのであり、「強者」が「弱者」を支配し、「より多くのものを所有すること」（プレオネクシア）こそが「自然の正義」に他ならないことを主張する。そしてその「証拠」として、弱肉強食の動物の世界とともに大が小を呑み込む国際政治の苛刻な現実を挙げている。[102]

かかる勇ましい主張がこれまでに見たアルキビアデスの野望とも合致することは明らかであろう。ソクラテスが言い当てていたように、アルキビアデスの願望は、もっと多くの地域ともっと多くの人間たちを支配すること、まさにプレオネクシアそのものだからである。

またカリクレスは、ソクラテスが説く「自分自身を支配すること」としての節度（節制）を一笑に付し、ウルトラ快楽主義とでも言うべき極端な快楽主義を主張している。そのやり取りを紹介すれば、以下のとおりである。

カリクレス：自分自身を支配するということで、あなたは何を意味しているのだ。

ソクラテス：何も複雑なことを言っているわけでは全くなくて、多くの者が言っているように、節度があって、自分で自分を抑制することができる者、つまり自分の中にある様々な快楽と欲望を支配している者のことだよ。

カリクレス：なんてお人好しなのだろうね、あなたときたら！　あの間抜けな連中のことを節度があるだなんて言って。

ソクラテス：いったい、どうしてかね。僕がそんな意味で言っていないことは誰でも分るだろうけどね。

カリクレス：いや、あなたがそう言っているのは絶対間違いない、ソクラテス。だがね、それが何であろうと、何かに隷属していながら、どうして人は幸福になれるのだろう。いやそうではなくて、僕はこの際あなたに包み隠さずに打ち明けるけれども、これこそが自然に即した美しく正義にかなったことなのだ。つまり、然るべき仕方で生きて行こうとする者は、自分の様々な欲望をできるだけ大きくなるに任せて抑制してはならず、目一杯肥大化したそれらの欲望に勇気と思慮を以て奉仕し、何であれ、それに対する欲望が生じる度に、それを満たしてやらなければならないのだ。[103]

まさにここでカリクレスは、ソクラテスが言うとおり「君以外の連中は心の中では思っていても口に出そうとはしないこと」を公言しているのであるが、このアルキビアデスが聞いたら喜びそうな言葉に続けて、さらにカリクレスはアルキビアデス本人を連想させるようなことを口にする。少し長くなるが、纏めて引用する。

ところが、思うに、それは大衆のなし得るところではないのだ。そこで彼らは恥ずかしいものだから、自分たちの無能さを覆い隠すために、そのような者たちを非難するのだ。そして放埒さを実に醜悪なことだと主張し、――これは前の所でも僕が言ったことだが――、生まれつきの素質の上でより優れた人間たちを奴隷化し、自分たち自身は欲望に満足を与えることができないものだから、節制や正義を賞賛するのだ。自分たちに男らしさが欠けているものだからね。だって、元々王の息子に生まれついていたり、あるいは持って生まれた素質のおかげで自ら何らかの支配権力――僭主の地位や王権のことだが——を手に入れるだけの能力のある者たちの全ての者、——そのような者たちにとって、節制や正義よりも真に醜く有害な何があるというのだろうか。様々なよいものを享受することができ、何一つその妨げになるものは無いというのに、大衆の法律や道徳と、理屈や非難を態々自分で自分に主人として押し付けるなんて。[104]

傍線部で言われていることはアルキビアデスを想起させるのではないだろうか。実はアルキビアデスをイメージして言われているのではないかと思われる箇所が他にもある。それはピュシスとノモスの対立軸を基礎として「自然の正義」を説く「演説」(rhēsis)の一節である。カリクレスは現行の教育を批判して言う。

我々はと言えば、我々自身の中でも最も優れていて活力に溢れた者たちをライオンのように若いうちから引き取って、おまじないを唱えたり魔法をかけたりして思い通りに作り上げ、奴隷にしてしまうのだ。平等な分け前を所有すべきであって、それこそが立派で正義に叶ったことなのだと言い聞かせながらね。だが十分な自然的素質を持った男が生まれた暁には、そうしたもの一切を身から振るい落とすとズタズタに引き裂いて脱走し、我々が書き記した規則や魔術や呪文や自然本性に反した一切の法律や道徳を踏みつけにした上で、かつての奴隷は立ち上がって、我々の主人として再び姿を現すのだ。そしてまさにその時、自然の正義は燦然と輝き出るのだ。[105]

この傍線部もまた、アルキビアデスを思い起させるのではないだろうか。特に最後の「主人として再び姿を現す」という表現は、アテナイに再び凱旋し全権を委任されたアルキビアデスの姿を彷彿させる。あるいは「ライオン」の喩えから、――それはニーチェの「金髪の野獣」をも連想させるが[106]――、アルキビアデスを思い浮かべる読者もいるかも知れない。

実は『ゴルギアス』の中で、アルキビアデスは二度にわたって言及されている。しかも言及しているのは、他ならぬソクラテスである。最初に言及されるのは、カリクレスが話に割って入った直後である。ソクラテスは人と人の間のコミュニケーションが可能になるのは共通の体験が存在することによるとした上で、カリクレスと自分が共に二つのものを愛していることを挙げる。曰く、

> 僕はと言えば、クレイニアスの息子のアルキビアデスと哲学を、君は君で二つのもの、アテナイの民衆(デーモス)とピュリランペスの息子のデーモスをね。[107]

そして二度目は、対話篇の終盤、ソクラテスがペリクレスを始めとする歴代のアテナイの政治指導者たちを批判している箇所においてである。ソクラテスによれば、彼らは国民をより優れた人間にすることを怠り、その欲するところに迎合することによっていわばその健康を破壊したの

である。ところが、国民は災いの原因を作った歴代指導者を責めるのではなく、自分たちと同時代の政治家にその矛先を向けるのだとして、ソクラテスは言う、

そういう次第で、発作が起きて具合が悪くなると、その時に居合わせた忠告者たちの責任を追及して、他方、テミストクレスやキモンやペリクレスのことは賞賛するのだ。諸悪の元凶である連中をね。用心しないと、彼らは君を攻撃するかもしれないし、僕の友人のアルキビアデスのこともだ。彼らが獲得したものに加えて、元々持っていたものまで失うことになった時にはね。諸悪の元凶ではないとしても、多分、共犯であるとしてね。[108]

ドッズも指摘するように、この作品の設定年代を確定することは絶望的であるが、この引用文の内容から推測できるのは、もはやアルキビアデスは『アルキビアデス』や『プロタゴラス』に登場したような、まだ大人の仲間入りをする前の若者ではなく、カリクレス同様、既に政治に携わっており、国民の標的にされ得ることをソクラテスが危惧するぐらい社会的に知られた存在であったらしいことである。

以上の二つのアルキビアデスについての言及は、ソクラテスのアルキビアデスに対する態度を考える上で、少なからぬ重要性を持つと思われる。すなわち、アルキビアデスが大人の仲間入りし、念願の政治に携わって既に目立つ存在になってからも、依然としてソクラテスがアルキビア

デスを愛しており、それをまた公の場で公言しているという事実である。このことは、クセノポンによるソクラテス弁護に対する反証ともなりうるものであるが、その点についての検討は次節に譲ることとして、次に我々は哲学についてカリクレスが述べていることを見ることにしよう。

少しく先走って言えば、哲学もしくはそれを体現するソクラテスについてのカリクレスの見解は、アルキビアデスのそれとは大いに異なるものである。ここに両者の決定的な違いがあり、それはカリクレスをアルキビアデスと同一視することを不可能とするものである。

我々は『アルキビアデス』においてはアルキビアデスがソクラテスと一対一で対話し、また『プロタゴラス』においては大人たちに交じって発言してソクラテスの問答法を支持しているのを見た。そして『饗宴』では、過去においてのみならず、政治に向かった今なおソクラテスの言葉に感動感激し、呪縛されてしまうことを告白していた。はたして、カリクレスはどうであろうか？

「自然の正義」についての自分の考えを展開し終わったカリクレスは、次のようにソクラテスに語りかける。

> さて、真実はいま述べた通りなのだが、あなたがもう哲学とはさよならして、もっと重要なことに向かうなら、それが分るだろう。ソクラテス、なるほど哲学は佳(よ)いものではあるよ。人がふさわしい年頃に程々にそれに触れる分にはね。だが、必要以上にそれにはまり続けると、人間を駄目に

してしまうものなのだ。というのも、とても素質に恵まれていたとしても、年頃を過ぎてまで哲学していると、あらゆることに無経験になってしまうのが必然だからだ。将来、立派で優れた名高い人間になろうとする者は、そうしたことの経験を積んでおかなければならないのにね[109]。

要するに、教養程度に哲学を少し齧っておくのは悪くないが、あまり深入りしてはいけないとの忠告である。従ってカリクレスに言わせれば、青少年期に哲学するのは自由人にふさわしいことであるのに対して、逆に哲学しないのは自由人らしくないとされる。しかし、それはあくまでも若い間だけである。カリクレスは続けて言う。

だがこれに対して、いい歳をした人間がまだ哲学していて足を洗っていないのを目にする時にはね、ソクラテス、そんな奴はもうぶん殴ってやる必要があると僕には思えるのだよ。だって、ついさっきも言っていたことだが、たとえそいつがどんなに素質に恵まれていたとしても、女々しくなってしまい、国の中枢である広場から逃れ去り、——あの詩人も言ったように、そこでこそ男子たる者は名を挙げるのだが——、片隅に身を隠すようにして三、四人の青二才相手にヒソヒソ話をしながら、残りの人生を送ることになるのが落ちだからだ。自由人にふさわしく、堂々と発言することは一度もしないままにね[110]。

幸いにして筆者はまだカリクレスに殴られた経験はないが、このカリクレスの言葉に我が身を省みて苦笑する哲学教授も少なくないのではないだろうか。

このようにカリクレスにとって哲学はあくまでも一種の知的な飾りであり、男子一生の仕事などではさらさらないのである。むしろ、男子の本懐は天下国家を論じ、一国を率いることにこそあるのである。かかるカリクレスの哲学観と対比して見ると、アルキビアデスの哲学に対する態度はアンビヴァレンスに満ちたものであるように見える。一方ではソクラテスの言葉に深く動かされるとともに、他方ではその呪縛から抜け出すことを望んでいるのである。なぜなら、「その場でじっとしたまま、この人の傍で年をとってしまうことのないように」とも思うからである。この述懐からすれば、先にも指摘したように、アルキビアデスの引き裂かれた意識の根底にも、カリクレスがソクラテスに突きつける〈観想的生〉対〈実践的生〉という対立軸が潜んでいると見ることができるであろう。

エルゴンについて

エルゴンと言っても、地中海を股にかけて暴れまくったアルキビアデスの場合とは違い、カリクレスについては特に格別の行動が伝えられているわけではなく、ここでのエルゴンとは、『ゴルギアス』篇の中でのその振舞を指しているに過ぎない。とは言え、そこから我々はカリクレスの人となりを知ることが出来るという意味では、注目に値するのである。
先ず注目すべきは、最初の対話相手であるゴルギアスが議論の先行きに不安を覚えたせいか、聴衆への配慮を理由に対話の続行に躊躇を示した時、ソクラテスの崇拝者であるカイレポンとともに、是非とも続行するように促したことである。対話の継続を熱望するカイレポンに続いてカリクレスは言う。

神々にかけてその通りだ、カイレポン。いや実際、この僕もこれまでに多くの議論の場に居合わせたことがあるけど、いまほど楽しい思いをしたことがあるかどうか分らないよ。だから、たとえあなたたちが一日中議論のやり取りをしたいと思われようと、少なくとも僕に関しては、喜ばせてくれることになるのです。[111]

先に見たように、哲学に深入りすることを戒めていたカリクレスではあるが、その言葉とは裏腹に、哲学的な議論がまんざら嫌いというわけでもないようである。そしてこのことは、この後に見るようにソクラテスとの対話の途中で何度もふてくされながらも、とにかく最後まで立ち去らずにソクラテスに付き合ったことからも窺える。また既に述べたように、二番目の対話相手であるポロスの敗因についても的確な指摘をしていることを考えれば、カリクレスが優れた論理的思考力の持ち主であることも確かであろう。

次に注目すべきは、まさにこのカリクレスがふてくされることから読み取れることである。カリクレスは、自分がソクラテスの対話相手となってから、二度ほど対話を投げ出そうとしている。一回目は、カリクレスが主張する善と快の同一性がソクラテスによって論駁されそうになった時である。「快いことと善いということとは別物だということになるのだ」と迫るソクラテスに対して、カリクレスはこう返す。「何だかよく分からないけど、あなたは詭弁を用いているのだ。[112]」

そして議論の続行を促すゴルギアスに対しては、「いや、ソクラテスときたら、いつもこうなんですよ、ゴルギアス。些細などうでもいいようなことについて繰り返し質問しては、徹底的に論駁するのです。[113]」と答える。この答から察するに、カリクレスはソクラテスの論駁に何度も立ち会ったことがあるようである。実際、「強者」の概念をめぐってのやり取りの中でも、こうこぼしている。「全く神々にかけて、いつだってあなたは、ただもう靴屋だとか、洗濯屋だとか、肉屋だとか医者だとか言うのを止めようとしないのだから。まるで、我々の議論がそうした連中に関するものでもあるかのようにね。[114]」

このようにカリクレスは些かウンザリしながらも、ソクラテスのロゴスに対する関心は持ち続けていたように思われる。

二回目にカリクレスが対話打ち切りの構えを見せるのは、ソクラテスによって放埒で不正な魂はその過ちを正される必要があるとの結論が導かれそうになった時である。ここでもカリクレスは言う、「あなたが何を言っているのか、僕には分らないよ、ソクラテス。僕ではなくて、他の誰かに訊いてくれたまえ。」[115]

この場合もカリクレスはとぼけて誤摩かそうとしているのであり、率直ではあっても必ずしも誠実とは言えないキャラであることが窺える。

とは言いながら、その後しばらくはソクラテスによる自問自答が続くが、結局のところソクラテスの誘いに乗って再び答え始めるところを見ると、その過激な主張にかかわらず、案外、人が良いのかもしれない。そしてそこに、その落とし穴も潜んでいたのかもしれない。

カリクレスについては実在の人物かどうかいまだに明らかでないと述べたが、おそらくドッズの次の推測が依然として妥当するのではないだろうか。

> ペロポネソス戦争末期の絶望的な数年間と、それに加えてその終結に続いた様々な政変の時期にあって、かくも野心的で、危険なまでに率直にその野心を隠さない人物が命を落とした可能性は、十分にある。私が推測するには、この対話篇の中で今まさに実践的生活（政治活動）に乗り出そうとしている（515A）カリクレスは、あまりにも若くして死んだために記憶に残らなかったのだろう、――もしプラトンが彼のことを書き記さなかったとしたら。[116]

この点に関連して、グリップルは次のように述べている。

カリクレスは多分実在の人物であるが、彼はまた同世代に属する他の者たちの代表でもある。この代表の役を果たしているということは、彼が比較的匿名の存在であることによって支えられている。プラトンはこの対話篇においては、アルキビアデスやクリティアスを対話相手として選ばなかった。そうしようと思えばそうできたであろうが、より知られるところの少ない人物を選んだのである。[117]

たしかに、トゥキュディデスの『歴史』の中の有名な一節、「メロス島の対話」に登場し、強者の論理を展開するアテナイの使節などもまた、カリクレスと同世代に属するのであろう。カリクレスとアルキビアデスを比べた場合、おそらくアルキビアデスの方がリアルポリティックスの荒波を泳ぎぬくだけの力量と強かさを持ち合わせていたのであろうが、歴史に名を残さなかったとは言え、プラトン描くところのカリクレスが与えるインパクトは決して些細なものではない。

それにしても、以上のプラトン対話篇から窺えるのはソクラテスとアルキビアデスの一貫した親密さであるが、これに対して異を唱えるのが、クセノポンである。

我々は次に、クセノポンのソクラテス弁護とアルキビアデス批判を見ることにしよう。

5　アルキビアデス弾劾
——クセノポンのソクラテス弁護

前節で見たように、プラトンによるアルキビアデスの記述は決して批判的とは言えない。先ず『アルキビアデス』の末尾においてはソクラテスにその将来を憂慮させ、『プロタゴラス』においては要所要所で正論を口にさせ、『饗宴』では本人の口からソクラテス的なものもしくは哲学と完全に絶縁したわけではないことを語らせていた。また『ゴルギアス』においても、ソクラテスに自分が恋していることを公言させるとともに、その身に降り掛かり得る困難を危惧させていた。そして、おそらくは執筆の順番としては最後に位置するであろう『国家』においても、——明らかにアルキビアデスを連想させる表現で、——傑出した資質と出自に恵まれた若者が如何にして社会によって堕落させられて行くかが描写されていた。その背後にソクラテスの、というよりも著者プラトンの未練を感じるのは、思い過ごしであろうか。

これに対して、クセノポンのアルキビアデスに対する態度は、取りつく島もないほどに厳しいものである。クセノポンがプラトンとほぼ同世代であり、同じソクラテスのサークルに属していたことから考えれば、クセノポンもまたソクラテスのみならずアルキビアデスの言行を実際に見聞きしたことがあるものと推測される。はたして、どちらの証言の方が信憑性が高いのか、ここで我々はクセノポンの『ソクラテスの思い出』に目を向けることにしよう。

クセノポンの著作の意図がソクラテスの弁護にあることは明らかであるが、特に彼が力説するのが、クリティアスやアルキビアデスとソクラテスの付き合いが決して深いものではなかったこと、彼らが欲したものはソクラテス的な生き方ではなく、相手を論破するその論駁（エレンコス）のテクニックにあったということである。

少し長くなるが、その部分を引用すれば以下の通りである。


……告発者は、クリティアスとアルキビアデスの二人がソクラテスの弟子となった挙句に、国に対して最大の悪をなしたと主張した。というのも、クリティアスは寡頭制下にあって誰よりも強欲であるとともに、いちばん暴力的であり、他方、アルキビアデスはまた、民主制下において誰よりも節度に欠けるとともに傲慢不遜かつ暴力的だったからである。私としては、彼ら二人が国に対して何か害を与えたかどうかについて弁明する気はない。しかし、彼らのソクラテスとの交際がどのようなものであったかについては、語ることにしよう。

周知のごとく、この二人の男はすべてのアテナイ人のなかで最も名誉欲が強く、万事を自分の手で行って、誰よりも有名になろうと欲していたのであった。そして彼らはソクラテスがごくわずかな財産で何一つ不自由することなく暮らすとともに、あらゆる快楽に打ち勝ち、また彼と対話を交わす者のすべてを議論において思うがままに扱っているのを知ったのである。こうしたことを目にしていたうえに、彼ら二人が前述の如き人間であったとすれば、彼らはソクラテスの生き方と、彼がそなえていた節度を欲するがゆえに彼との交際を求めたと言うべきであろうか。それとも、もし彼らが彼と交際するならば、語ることにおいても行うことにおいても何一つ欠けるところのない者になれると考えてそうしたのだと言うべきであろうか。

というのも、私自身としては、もし神が、まさにソクラテスがそのように生活しているのを彼らが目にしていたとおりの生活をそっくりそのまま生きるか、さもなければ死ぬかのいずれかを選ぶ自由を彼らに与えられたとしたら、彼らはむしろ死ぬことを選んだと思うからである。二人がそういう人間であることは、彼らが実際に行ったことからして明らかである。というのも、彼らは仲間の者たちよりも自分たちの方が上手くなったと考えるやいなや、直ちにソクラテスのもとを去って、政治に手を染めたのである。それこそは、そのために彼らがソクラテスを求めたところのものだったのである。[118]

引用文中の冒頭にある「告発者」が誰を指すかについては、『ソクラテス弾劾』を書いたと言われるポリュクラテス（前四四〇年頃-前三七〇年頃）と見るのが一般的のようであるが、残念ながら、その原文は残存しておらず、リバニオス、イソクラテスなどの著作からその概要を推測することができるに止まる。[119] 本稿においては特にポリュクラテスを取り上げるつもりはないが、一言すれば、先のクレイトポンの主張がソクラテスの「徳の勧め」の不十分さの指摘にあったとすれば、ポリュクラテスの主張の眼目はソクラテスのロゴスは「徳の勧め」どころか正反対の「悪徳の勧め」に他ならないという点にあったようである。

さて、「もし神が」以下の部分は、『アルキビアデス』の冒頭におけるソクラテスの仮定とほぼ同じである点が興味深いが、これはどちらが真似したということではなく、おそらくは当時よく用いられた修辞上のテクニック、トポスであると思われる。

我々はプラトンの『プロタゴラス』の中で、アルキビアデスとクリティアスがセットにされていることを見たが、ここでもアルキビアデスと並べてクリティアスが槍玉に挙げられている。先に述べたように、クリティアスは悪名高い人物であり、このクセノポンの著作の中でも、ソクラテスを恫喝する場面が出てくるが、ここでは割愛する。

引用文の記述から明らかになる一つ重要な点は、二人がそれを目当てにソクラテスに近づいたとされる論駁の技術が、生き方とは切り離して、それだけ独立に学ぶことも可能だったと見られていることである。つまり、相手に無知を自覚させ、真の知の探求へと促すといった目的とは無関係に、それだけつまみ食いすることも可能だったらしいという点である。実際、それが可能だったことを推測させるエピソードを、クセノポンは別の箇所で伝えている。そのエピソードによれば、まだ十代のアルキビアデスが、後見人で国の指導者でもあるペリクレスと対話し、やり込めたとされる。その論駁の大筋は次のようなものである。[120]

先ずアルキビアデスがペリクレスに対して「法律とは何か」を自分に教えられるかと尋ね、ペリクレスは勿論だとして、「多数の民衆が集まり、可決して文書にしたものは全て法律である」と答える。さらに、アルキビアデスが「それでは多数ではなく、寡頭制下におけるように、少数の者が集まって、何をなすべきか文書にするような場合、それは一体何なのですか」と重ねて尋ねると、僭主独裁制も含め、政治体制の如何を問わず、「ポリスを支配している者が評議した上で、何をなすべきかを文字にしたものは全て法律である」と述べる。

この答えを聞いたアルキビアデスは、今度は「強制と無法とは何か」と質問し、それは「強者が弱者を説得せずに、力ずくで、自分に都合の良いことをなすように強いることではないか」と同意を求める。ペリクレスがそれに同意すると、アルキビアデスは「僭主が民衆を説得することなく成文化したことに従わせるのは、無法なのではないか」と畳みかける。追い込まれたペリクレスは、遂に「私にはそう思われる。僭主が説得せずに成文化したものも全て法律である、という主張は撤回する」と答えざるを得ない羽目になる。アルキビアデスはさらにペリクレスを容赦なく追い詰めるのであるが、すっかり面目を失ったペリクレスは最後にこう負け惜しみを言う。

いや実際、アルキビアデスよ。我々もまた、君の年頃にはそうしたことが得意だったものだ。というのも、いま君が練習しているように僕に見える、まさにそうしたことを我々も練習し、知恵を絞ったものだからだ。

この大政治家の言葉に対して、アルキビアデスは冷ややかに答える。

あなた御自身が、そうしたことを最も得意とされていた頃に御一緒したかったものです。

このクセノポンが伝えるエピソードもまた、我々がプラトンの著作の中で既に目にして来たアルキビアデスの頭の鋭さと生意気さが遺憾なく発揮されたエピソードであり、その限りにおいては、両者の報告は一致していると見ることができるであろう。

以上、クセノポンのアルキビアデスに対する手厳しい批判の言葉を見てきたのであるが、はたしてプラトンとクセノポンのどちらのアルキビアデス観の方がより信頼に値するのか、——この問いに答えるのは容易でないが、しかしクセノポンの指摘するようなアルキビアデスの負の側面については、プラトンも多かれ少なかれ随所で描写もしくは示唆しているように思われる。ただ、クセノポンの記述には無くプラトンには有るのは、今さら言うまでもなく、ソクラテスとアルキビアデスが長きにわたって一種の恋愛関係にあったとの記述である。しかし、ソクラテスを弁護するためにはこの関係を否定した方が好都合なはずであるにもかかわらずプラトンが一貫してこの関係を強調している事実を考えると、かえってそこに信憑性を認めたい気がするのである。

それはさておき、上に見たクセノポンのアルキビアデス批判で重要なのは、クセノポンがアルキビアデス——クリティアスのことは擱いて——はソクラテス的な節度ある生活は置き去りにして、論駁の技術だけをつまみ食いしたと批判している点であるが、実はプラトンもまた、論駁が一人歩きする危険性は認識していたようである。そのような危惧をプラトンが抱いていた可能性を窺わせる史料、――それは『国家』の中で論駁の技術の修得に関して年齢制限、「成人指定」(!)を導入すべきことが説かれる箇所である。

『国家』の第七巻では、哲学的な知を具えた理想的な統治者としての哲人王養成のためのカリキュラムが論じられるが、その中でも重要なのが、議論のやり取りを通じて認識を深めるための対話の方法を修得することである。しかし、語り手のソクラテスは対話の技術をめぐる憂えるべき現状を指摘する。ソクラテスによれば、その技術をめぐって、「目下、とてつもない害悪が生じている」、すなわち「法に背くことが人びとの間に蔓延している」とされる。[121] 続けてソクラテスは、「父祖伝来の教え」(ta patria)に従順な若者が論駁の洗礼を初めて受けた時に陥る心理状態を、次のように描写する。

> そのような心持ちにある者が問いの吟味を受けることになって、こう問われたとする。すなわち、「立派なこと」(美しいこと)とは何かと。そして法を定めた者から聞いたことを答えたところ、議論によって徹底的に論駁され、さらに何度もあらゆる仕方で論駁された挙句、次のような考えに追い込まれるに至るのだ。つまり、それまで聞かされていたことが立派なものであって恥ずべきもの

ではないということは全くないのであり、正義についても善についても、また、それまで彼が最も重んじていたことについても同様であるという考えにね。で、君は彼がそれ以降、そうしたことに関して、尊重し服従するという点でどうなると思うかね。[122]

このソクラテスの問いかけに対して対話相手のグラウコン青年は、そうした若者は、以前と同じように既存の価値観や権威に従順なままではあり得ないだろうと答える。その答えを聞いたソクラテスは、その青年を待ち受ける精神的危機について次のように述べる。

そうすると彼は、以前のように、そうしたことを尊重すべきもの、自分の一部と考えることはできず、かといって真実を見出すこともできない状況に陥ることになるが、その場合に彼が歩むことになる生活としては、当然ながら、甘い言葉で囁きかける生活以外にあるだろうか。[123]

「甘い言葉で囁きかける」と訳した言葉は文字どおりに訳せば「媚び諂う」、あるいは「迎合する」いう意味の単語で、実は『ゴルギアス』において展開される弁論術及びアテナイの現実政治批判のキーワードに他ならない。この「甘い言葉で囁きかける生活」——dolce vita——ということで直ぐ頭に浮かぶのはアルキビアデスであるが、——勿論、次章に登場するアリスティッポスも資格十分である——、アルキビアデスの場合は論駁された結果というよりも、生まれつきもって生まれた、大人を始めとする既成の権威・道徳に対する侮りと享楽的傾向の産物と見るべきであろう。むしろここで思い出されるのは、第一章で触れたポレマルコス青年である。ポレマルコスは〈正義とは何か?〉とのソクラテスの問いに対して、「敵を害し、味方(友)を益する」との伝統的正義観を以て答え論駁されたのである。そのポレマルコス青年について、ヌスバウムが述べていた危惧、すなわち、仮に『国家』第二巻以降がなかったとしたらどうなったか、という心配も併せて思い起される。

このような危険を防ぐために第七巻で提案される解決策は年齢制限の導入、「成人指定」である。ソクラテスは言う、

とすると、一つの有効な防御策はこれ、つまり、若い間はそれらの議論の味を覚えさせないことではないだろうか。というのも、思うに君も気づいていることと思うが、少年たちが初めて議論の味を覚えると、それを娯楽のように弄んで、いつでも相手を論破するために用い、論駁する者たちの真似をしては自ら他の者たちを論駁するのだ。まるで小犬のように、その時々に傍に居合わせている者たちを、議論によって引きずり廻したり食いちぎったりしては喜びながらね。[124]

この記述は、先ほどのペリクレスに対するアルキビアデスの論駁にも当てはまりそうである。このようなエレンコスのゲーム化の先に彼ら若者を待ち受けているのは、深刻な自我の崩壊と懐

疑の深淵である。

さて、彼らは自ら多くの者を論駁する一方で、多くの者によって論駁されるうちに、以前信じていたことの何一つとして信じない状態へと、勢いよく急速に落ち込んで行くのだ[125]。

ここで言われているのは、若者同士のエレンコスゲームに潜む落とし穴であるが、では、論駁の家元とでも言うべきソクラテスはこの点についてどう考えていたのであろうか。我々は『ソクラテスの弁明』に目を転ずることとしよう。

さて、『ソクラテスの弁明』には次のような興味深い一節がある。ソクラテスは自分が神から託された使命を遂行するために人々を論理的な吟味にかけることが因で自分に対する憎しみが醸成されて来たことを指摘した上で、このように述べる。

さて以上のことに加えて、私についてくる若者たち――それは最も時間的余裕に恵まれた最も裕福な人々の子弟達ですが――は、勝手についてきたのですが、人々が吟味されるのを聞いては喜び、しばしば自ら私の真似をして、他の人々を吟味することに取りかかったのです。ところがそうしてみると、かれらは何か知っていると思ってはいるものの、実はほとんど、あるいは何一つ知っていない人間がとても多くいることを発見したのだろうと思うのです。それが因(もと)でまた、彼らによって吟味された者たちは自分自身に対してではなく、私に対して腹を立て、ソクラテスとかいう男はこの上もなくけしからぬ奴で、若者たちを堕落させていると言いふらしたのです[126]。

この引用の最後でソクラテス自らが語っているところからすると、「若者を堕落させている」とのソクラテスに対する非難と論駁の間に繋がりがあることが分る。ただし、ここで言われる堕落は、享楽的生活に溺れるという一般的な意味ではなく、若者たちがソクラテスの真似をして人前で社会的地位のある大人をやり込めて恥をかかすこと、その偶像破壊的な振舞について言われるものであろう。

ソクラテスはまた弁明の終わりの方でも、この自分について来る若者たちの動機について、同様の推測をしている。すなわち、

> いったいどういうわけで、多くの時間をこの私と一緒に過ごすのを喜ぶ人たちがいるのでしょう。アテナイ人諸君、実は皆さんはすでにそのわけをお聞きになっているのです。真実の一切を私は皆さんにお話ししたのですから。つまり、かれらは、知恵があると思い込んではいるものの、実はそうではない者たちが吟味されるのを聞くのがうれしいのです。実際、それは面白くないことはないのですから[127]。

これは自分について来る若者たちが社会的地位のある大人が論駁されるのを見て、一種のシャーデンフロイデ、つまり「ざまーみろ」的な快感を味わっていることを述べたものであり、そこには上に見たようなエレンコスの自己目的化とその否定的な帰結についての危惧は認められないと言ってよいであろう。その限りにおいて、いわば論駁ゲームに悪乗りして懐疑の深みに嵌ってしまった若者たちについては、自己責任とは言え、火付け役のソクラテスにも責任がないとは言い切れないように思われる。

従って、『国家』第七巻で導入される年齢制限——三〇歳からに制限——は、論駁のゲーム化の弊害も目にしてきたプラトンによる、ソクラテスの些か楽天的なエレンコス観に対する修正と見ることができるのではないだろうか。

我々が見たように、アルキビアデスが論駁されたのは他の若者によってではなくソクラテス本人によってであるが、少なくとも『アルキビアデス』においては、それはアルキビアデスが自分の無知を自覚し、自己に配慮し、徳を身につけるための転回点となったのであった。しかし、先にも述べたが、ポレマルコスの場合のように、ソクラテスによって遂行される論駁が『国家』第一巻に見るように論駁だけで終ってしまった場合には、必ずしも積極的な探求への転回点とならないこともあり得たであろう。また無知を自覚し、徳の探求に目覚めたとしても、「それから?」に対するいかなる答えも示されなければ、若者が途方に暮れたとしても無理はないように思われる。我々はここで再び、クレイトポンの問いへと投げ返されるのである。

6　アルキビアデスとクレイトポン

アルキビアデスとクレイトポンはほぼ同い年であり、しかも共にソクラテスと親しかったとすれば、当然、お互いによく知っていたと思われる。また二人共、ソクラテスが『ソクラテスの弁明』の中で語っていた、「最も時間的余裕に恵まれた最も裕福な人々の子弟たち」に属するのは、間違いないと思われる。二人が一緒に登場するプラトン対話篇は無いが、ここで重要なのは、第一章で触れた前四一一年の政変とアルキビアデスの復権の関連である。既に見たように、アルキビアデスはアテナイへの帰還を目指してサモスの支配層に働きかけ、帰還の条件として民主制——急進的な民主制——の廃止を求めたとされる。アルキビアデスの要求にクレイトポンがテラメネスなどとともに応じたという証拠は何もないが、客観的に見れば、政変が帰還と復権の環境を整えたことは確かであろう。

「父祖の国制」への回帰を重んじるクレイトポンがアルキビアデスの権力主義的な体質と放埒さに対してどのような感情を抱いていたかは知る由もないが、『国家』の第一巻で「正義イコール強者の利益」論を説くトラシュマコスの肩を持とうとしていたこと、また『クレイトポン』においても、トラシュマコスの名前をちらつかせていたことを我々は知っている。またアルキビアデスの驚くべき節操のなさ、よく言えば卓越した状況適応能力は御覧の通りであるが、クレイトポンもまた、左右どちらの脚にも履ける長靴「コトルノス」に喩えられた盟友テラメネスと同列に見られていたことからすれば、ひょっとすると「類は友を呼ぶ」だったのかも知れない。ただ、ここで注目したいのは、両者が共にソクラテスと交流が有った、というよりは共にソクラテスの言葉――プロトレプティコス・ロゴスに衝撃を受け、一たんは徳を身につけることを熱望したという事実である。それがどうして……？

アルキビアデスの場合は、『饗宴』における告白を額面通りに取ることが許されるとすれば、政治に身を投じてからも常にソクラテスの言葉と哲学に後ろ髪を引かれる思いをしていたことになるが、仮に「堕落」という言葉が、節操のなさやプレオネクシアや快楽を無限に追求することを意味するとすれば、アルキビアデスはたしかに堕落していたと言えるかもしれないが。しかし、それをソクラテスの影響に帰するのは難しいように思われる。というのも、このアルキビアデスという人物は、その破天荒な生き方から見てもまさに「規格外」であって、誰であろうと知徳兼備の「哲人王」に育て上げることはできなかっただろうと思われるからである。ただし、クセノポンが伝えるペリクレスとのエピソードが示すように、論駁を相手をやり込めるためだけに利用したとすれば、そこにソクラテスの負の影響を認めることはできるかもしれないが。また、ソクラテスとの人一倍長くて深い付き合いを考えれば、ソクラテスの「徳の勧め」の実践的な限界を示す例とは言えるかも知れない。

一方、ソクラテスの「徳の勧め」の理論的な限界を指摘したクレイトポンについても、変わり身の速さという点では節操がないと非難されるかもしれない。しかし、それはむしろ当時の目まぐるしく移り変わる政治力学に帰すべきであって、そのこととソクラテスの徳の勧めの間には格別の因果関係があるようには思われない。なるほどソクラテスを厳しく問い詰めてはいるものの論駁が目的ではないこと、また再三述べているように、最終的には伝統的な「父祖の法」・「父祖の国制」に回帰し、穏健保守派として活動したとされることからすれば、これまた特にソクラテスによって悪影響を与えられたとは言えないように思われる。

となると残る候補はただ一人、異端児アリスティッポスである。

第3章　さらばポリス

――アリスティッポスと「第三の道」

アリスティッポスについて知るための主な史料としてはディオゲネス・ラエルティオス（二世紀後半―三世紀前半）の『ギリシア哲学者列伝』（以下、『列伝』と略）とクセノポンの『ソクラテスの思い出』があり、年代的には前者の方が遥かに後なのであるが、しかし後者における記述が作品の構成上、特定の時点でのアリスティッポスとソクラテスの対話の場面に限定されている――勿論、そこにはクセノポンが捉えた限りでのアリスティッポスの人生哲学が凝縮されているのではあるが――のに対して、前者はアリスティッポスの人生全般にわたる様々なエピソードを列挙していてその生と思想全体を俯瞰するたには好都合なので、こちらを先に取り上げることにしたい。

『列伝』の記述は必ずしも体系的でないので、いくつかの特質を取り出し、それぞれの特質ごとに纏めてみることとしたい。

1 僕が持っているのであって、僕が持たれているわけではないよ
――ディオゲネス・ラエルティオス『ギリシア哲学者列伝』から

(1) 金銭欲

『列伝』は、アリスティッポスが北アフリカの都市キュレネーの出身であり、ソクラテスの名声に惹かれてアテナイに出てきたことからその報告を始めているが、同時に彼が「ソフィストとして活動していた」(sophisteusás) こと、「ソクラテスの弟子のなかでは最初に謝礼を取りたてて、お金を師に送った人だという」[1] と付け加えている。

ここで先ず注目すべき点は、これまで見てきたクレイトポンやアルキビアデスとは違って、アリスティッポスはアテナイ市民ではない外国人であるということである。このことは後に見るような、そのコスモポリタン的な志向と無関係ではないであろう。またプロタゴラスやゴルギアスのような有名なソフィストたちも謝礼を取ったとされるが、彼らもまた外国人であったことからすれば、生活上の必要も有ったと考えられる。もっとも、アリスティッポスの場合は贅沢好みなので、余計にふんだくった可能性も有るが……。

ところで、アリスティッポスから金を送られたソクラテスの方はどうしたかと言えば、送られてきた二十ムナ――それなりの金額と考えられる――のお金を受け取るのを拒否したと述べられ

ているが、これはアリスティッポスとソクラテスの金銭観の相違を強調するためのエピソードであろう。また七四節においても、ソクラテスの「弟子」らしからぬ金銭への執着に関してアリスティッポスを批判した者とアリスティッポスの応酬が報告されているが、そこから浮かび上がって来るのは、金をもらって何処が悪い？　といった一種の開き直りもしくは割り切りの姿勢である。しかし、その一方では、アリスティッポスが金銭を自己目的視していなかったことを窺わせるエピソードも伝えられている。彼が召使いに銀貨を運ばせていた時に召使いが銀貨の重さに立ち往生していると、「多過ぎる分は捨てて、運べるだけもって行け」[2]と言ったという。

また船旅で運悪く海賊船に乗り合わせてしまった折りには、懐の金を取り出して数え上げ、「まるで不注意でそうしたかのように、その金を海に落して、そして実際に大声で泣き出した」[3]との話が語られている。あるいは海賊に狙われるほど財布が膨らんでいたのかもしれないが、命まで取られては大変と、芝居気たっぷりにわざと海賊の目の前で有り金を数えてから海に投じたのであろう。まさに「別の人たちの伝え」にあるように、「それらの金のためにアリスティッポスが命を失うよりも、アリスティッポスのためにそれらの金が失われる方がまし」[4]を実践したのかもしれない。

(2)　快楽主義

クレイトポンが快楽主義者だったかどうか、確かなことは不明であるが、ソクラテスの徳の勧めに感激し徳に至る道を模索していたこと、また後に「父祖の国制」への回帰を訴えたことを考えると、その可能性は低いように思われる。これに対してアルキビアデスが酒とバラに彩られた「甘い生活」に耽溺していた可能性は極めて高いが、アリスティッポスもまた、その点にかけては引けを取らなかったようである。『列伝』の中でもその贅沢な暮らしぶりや美食が多く報告されているが、それを咎める者との応酬も再三出て来る。例えば犬儒派の代表とも言うべきシノペのディオゲネス（前四一二年頃-前三二三年頃）――例の「樽の中のディオゲネス」である――との次のやり取りが有る。

あるとき、ディオゲネスが野菜を洗っていると、その傍を彼（アリスティッポス）が通りかかったので、ディオゲネスは彼をからかってこう言った。「もし君がこんなもので食事することを知っていたなら、独裁者たちの宮廷でぺこぺこすることはなかったろうにね。」すると彼は、「君のほうだって、もし人びとと交際するすべを知っていたなら、野菜なんか洗わずに済んだろうにね」とやり返した。[5]

共に小ソクラテス学派として括られることが多いものの、その正反対の生き方を反映してか、この二人の応酬は数多く伝えられている。またアリスティッポスは美食のみならず、美女にも目がなかったらしい。しかしこの場合も、金銭の場合と同様、一方ではそれを追求しつつも、他方ではそれに支配されないことをモットーとしていたようである。例えば、一緒に娼家に出かけた初(うぶ)な若者が入り口のところでモジモジしているのを見ると、「危険なのは、入ることではなくて、出てくることができないことだ」[6]と語ったとされる。もっとも、出てきてもまた直ぐ入って行くのではあまり変わりがないかもしれないが。またライスという当時評判の娼婦と付き合っているとして非難されたときには、「僕が（彼女）を持っているのであって、（彼女に）持たれているわけではないよ。一番よいのは、快楽に打ち勝ってこれに負かされないことであって、快楽を控えることではないからね。」[7]と反論したという。「快楽に勝って負けない」という点に限ればソクラテス的と言えようが、どうも自己弁護のようにも響く。が、次のエピソードを見ると、必ずしもそうとは限らないのかも知れない。

またあるとき、ディオニュシオスが三人の側妾(そばめ)のなかから誰か一人を選ぶようにと命じたら、彼は『パリスだって（三人のなかから）一人を選んだことは身のためになりませんでした』と言って、三人とも連れて行ってしまった。しかし彼女たちを門のところまで連れ出すと、そのあとは自由にしてやったとのことである。[8]

従者が銀貨の重さに立ち往生していたときのエピソードとも似た話であり、これまた、楽しみつつも執着しないという信条の現れと見なすことができるかも知れない。

このような快楽主義は、我々がアルキビアデスとの比較で見たカリクレスの野放図な快楽主義に比べると極めて控え目なものと言えようが、『列伝』もまた「彼は、現にあるものからの快楽を享受し、現にないものの愉しみを苦労して追い求めることはしなかった」[9]と評している。この批評からすれば、我々はアリスティッポスの快楽主義を、真夏に雪を求める式の愚を犯すことなく、いわば有り合わせのもので満足することを知っている賢者の快楽主義——後のエピクロスに近いような——と取ることもできそうである。しかし意地悪く解釈すれば、未来を含め当てにならないもののために無駄な骨折りをすることを嫌い、とりあえず〈今、ここで〉確実に手に入る楽しみだけはしっかり味わっておこうとする刹那主義ととることもできるかも知れない。実はこの刹那主義の背後には、独自の認識論・存在論が控えているとも考えられる。

アリスティッポスとその後継者たち——娘のアレテーや孫のアリスティッポスたちで、キュレネー学派とも呼ばれる——は、いわば〈点〉としての現在のみに実在性を認め、過去と将来も含む〈線〉としての時間は認めなかったとも伝えられる。アーウィンは、プラトンの『テアイテトス』において検討されるプロタゴラス＝ヘラクレイトス説との関連を指摘している。[10]このような流動的存在論は瞬間から瞬間へと跳び移る美的生活者にふさわしいと言えるかも知れないが、それは快楽主義のみならず、もう一つの特徴を成す状況主義とも結びつくであろう。

(3) 状況主義

『列伝』によれば、アリスティッポスは「場所にも時にも人にも自分を適応させることを知っていて、どんな環境にあっても、それに合わせて自分の役を演ずることのできた人であった。」[11]とされる。これまたソポクレスの悲劇『ピロクテテス』に登場するオデュッセウスの言葉を思い起させる記述であるが、この点ではクレイトポン、アルキビアデスと通じるものがありそうである。このアリスティッポスの類い稀な状況適応能力を物語る様々な逸話が報告されているが、何と言ってもその極めつけは、シュラクサイの独裁者ディオニュシオスの宮廷における一件であろう。その一件とは、『列伝』の報告によれば、次のような次第であった。

またある日、ディオニュシオスが酒宴の席で、誰もに緋の衣をつけて踊るように命じたとき、プラトンは、「女の衣裳をつけることはできないだろう。」という（エウリピデスの）詩句を引用して、これを拒んだが、アリスティッポスの方は緋の衣裳をつけて、いままさに踊りだそうとしながら、「よしバッコスの宴にあっても、思慮ある女ならば、身を汚すことはなかろう」と当意即妙に（同じエウリピデスの詩句をもって）これに応じたということである。[12]

このエピソードを読むと、緋の衣をヒラヒラさせながら、おそらくはジェスチャーたっぷりに踊ってみせたであろうアリスティッポスの姿と、苦虫を噛み潰したような顔でそっぽを向いたプラトンの横顔が目に浮ぶようである。仮にその場にアルキビアデスが居合わせたとしたなら、わざわざ緋の衣を身に纏う必要もなかったかも知れないが。

以上の宮廷での一件をアリスティッポスに好意的に解釈すれば、アリスティッポスは重要なのは服装ではなく中身だと考えていたから女の衣裳を身につけることも別に気にしなかったと取ることができるであろうし、ストラトン——一説によればプラトン——がアリスティッポスを評して言ったとされている「君だけにできることだよ、立派な着物でも襤褸でも、どちらを身につけても平気でおられるのは。」[13]という言葉は、このような解釈を支持するように見える。しかし、これまた意地悪く解釈すれば、下手にプライドにこだわって、パトロンである独裁者の機嫌を損じて美女と御馳走にあずかれなくなっては大変というのが本音で、「よしバッコスの……」は弁解のために持ち出したに過ぎないと見ることもできるかも知れない。ディオニュシオスに唾を吐きかけられてもじっと我慢していたという話（六七節）、友人に便宜を計ってもらうために王の足下にひれ伏して懇願した話（七九節）など、慥かにアリスティッポスは状況が必要とすれば、体面は気にせず、傍目には卑屈とさえ映る振舞に出ることも辞さなかったようである。

またこの点に関連して興味深いのは、プラトンとアリスティッポスの対比である。先の宴席での逸話の他にも、ディオニュシオスからアリスティッポスは金をもらい、プラトンは本をもらったことを非難した人物に対しては、こう反論したという。

僕にはお金が不足しているが、プラトンには書物が足りないからだ。[14]

これまた両者の対照を際立たせる逸話であるが、この言葉の裏には、片やアテナイの名門の出身であり、いわば、いい家のお坊ちゃんであるプラトンに対する苦労人のアリスティッポスの対抗心が感じられて面白い。一度だけではあるが、プラトン自身、ソクラテス最後の日を描いた『パイドン』の中でナレーターにアリスティッポスに言及させている。[15]それは当日アリスティッポスが師の最後の場に居合わせなかったことを言わせているだけのことであるが、古来、実はこのさりげない不在の報告が間接的にアリスティッポスを当てこすっているのだと見る解釈もある。[16]何はともあれ、感覚的な世界の彼方に絶対的な存在として「善のイデア」を構想した哲学者中の哲学者とも言うべきこの人物にとって、転変する感覚の世界に合わせて器用に変身してみせるアリスティッポスが愉快な存在でなかったことだけは確かであろう。

2　暖簾に腕押し
——クセノポン『ソクラテスの思い出』から

前節で見た『列伝』による報告の中には、「クセノポンは彼（アリスティッポス）に対して敵意をいだいていた」（六五節）との記述があるが、これはおそらく本節で取り上げるクセノポンの『ソクラテスの思い出』の一節を念頭に置いてのことであろう。しかし、これから見るように、その部分におけるクセノポンの叙述は、なるほどアリスティッポスの新人類ぶり(古い!)をいかんなく伝えるものではあるが、必ずしも悪意もしくは敵意を感じさせるほどのものではないように思われる。

先ず本章に関して注目されるのは、ここで展開されるソクラテスとアリスティッポスの対話全体が、一つの典型的なプロトレプティコス・ロゴス、「徳の勧め」としての性格を持っていることである。このことは、冒頭の次の言葉に明らかである。

さて私には、ソクラテスは次のようなことを説くことによって、一緒にいる者たちを食べ物や飲み物や性欲、また眠りや寒さや暑さや辛苦に対する克己心を身につける努力へと促した(protrepein)ように思われるのである。[17]

そして「徳の勧め」のターゲットとして「一緒にいる者たち」の中から他ならぬアリスティッポスが選ばれているのは、まさにアリスティッポスが「そういったことに関して人一倍だらしない」ことから、ソクラテスの活動が告発者たちの訴えとは逆に、「堕落した」——世間的な意味で——若者たちの道徳的救済にあったことを印象づけるのにもっとも適していると考えられたからであろう。以下、我々は対話全体を四つの部分に分け、それぞれの部分における二人のやり取りについて検討することとしよう。

権力なんか欲しくない

一─九節

この部分で問題とされるのは、将来、支配者となるべき者が具えるべき条件とその教育法であるが、それをめぐるソクラテスとアリスティッポスのやり取りの中から浮かび上がってくるのは、後者のユニークな人生観である。

ソクラテスは先ず、将来、国の支配者となるべき若者とそうでない若者を並べて、様々な欲望に対する抑制力を身につけなければならないのはどちらか、アリスティッポスに尋ねる。これに対するアリスティッポスの答えは模範的なものである。例えば、「彼らのどちらを、胃袋を喜ばせることよりも危急の事柄を優先するように躾けるべきだろうか」というソクラテスの問いに対しては、「それはもう、ゼウスに誓って、支配者となるべく教育される者の方です。彼の在任中に、国事が遅滞するようなことがないためにはですね。」[18]と答える。さらに欲望のみならず、学問に関してもアリスティッポスは同様の答えを与えるのであり、そこまではソクラテスの筋書き通りに事が運ぶのであるが……。

ところが次の段階で、事態は思わぬ展開を辿ることになる。というのは、言うまでもなくソクラテスとしては、アリスティッポスが当然、将来支配者となることを望んでいるものと考え、それを前提として話を組み立ててきたわけであるが、あにはからんや、当のアリスティッポスは全くそんなことを望んでいないことが判明するからである。

支配の地位に就くべき者とそうでない者のどちらのグループに自分を帰属させるのがふさわしいと思うか、と尋ねられたアリスティッポスは、にべもなく答える。

少なくとも私について言えば、支配することを望む連中の仲間に私自身を入れることだけは決してしないでしょう。だって、自分に必要なものをまかなうだけでも大変なのに、それだけでは足りなくて、自分以外の国民のために彼らが必要とするものを調達することまで背負い込むなんて、全く馬鹿のやることとしか私には思えないからです。それに、自分は欲しいものの多くを我慢しなければならないのに、国を率いる者はもし国民が望む全てのことを首尾よくやり遂げない場合にはその罰を受けなければならないなんて、どうしてこれがとてつもなく馬鹿げたことでないことがありましょうか。[19]

要するにアリスティッポスからすれば、支配者になって他人の苦労まで背負い込むなんて真っ平ということである。このように考えるアリスティッポスからすれば、権力欲に燃えるアルキビアデスのような人間は全く理解できない、ということになりそうである。なお、ここで注目に値するのは、アリスティッポスが支配の任に就くのが割に合わない理由として、「国民の恩知らず」(acharistia politōn）と呼ばれる現象を挙げていることである。これはマラトンの英雄ミルティアデスや、サラミスの英雄テミストクレスがその後国民から受けた過酷な仕打ちを念頭に置いてのことだと思われるが、一度は救世主としてアテナイに復帰したアルキビアデスが部下の失策を機にまたもや祖国を後にしなければならなくなった出来事も、その一例と見ることができるかも知れない。[20] いずれにしても、移り気な民衆によって引きずり回される当時の民主政治の負の側面を衝いた指摘として興味深い。考えてみれば、クレイトポンにせよ、アルキビアデスにせよ、そのような民衆相手に付き合って行くためには、状況に適応する変わり身の速さが不可欠とされたのかも知れない。その意味では、『アルキビアデス』の最後にソクラテスが表明していた危惧は十分、根拠のあるものと言えそうである。

ソクラテスに肩すかしを食わせたアリスティッポスであるが、それではアリスティッポスは何を目指すのか、――彼は言う、

私としては、私自身については、できるだけ楽に、しかも快適に暮らすことを望む者の仲間に入れたいと思います。[21]

まさに快楽主義者アリスティッポスの面目躍如といった言葉であり、さすがのソクラテスも暖

簾に腕押しといったところであるが、しかし、そこはソクラテス、そんなことではへこたれない。今度は、アリスティッポスの目指す快適さという点に照準を合わせて議論を展開する。

中間の道

一〇—一六節

この部分におけるソクラテスの主張は、要するに、アリスティッポスが追求する生活の快適さという観点から比較してみても、支配する者の生活の方が支配される者の生活に遥かに勝っているということである。その主張を根拠づけるために、ソクラテスはペルシアを始めとする当時の強国とそれらの国々によって支配される弱小国の例を引合に出すのであるが、ここで興味深いのは、こうしたソクラテスの議論の進め方が、『ゴルギアス』に登場するカリクレスの論法によく似ていることである。アルキビアデスとの比較の中で見たように、カリクレスは強者が弱者を支配し、より多くのものを所有すること（プレオネクシア）を「自然の正義」として主張していた。そしてその「証拠」として、国際政治の非情な現実と動物の世界を挙げていた。このことは、クセノポン描くところのソクラテスの方が、プラトン描くところのソクラテスに比して、より現実主義的もしくは常識的な立場に立っていることを示すものであるが、この特徴はこれに続くアリスティッポスとのやり取りにおいても顕著である。

さて、以上のソクラテスの冷徹な見方に対抗してアリスティッポスが自分の理想として提示するのが、「中間の道」(mesē toutōn hodos)である。アリスティッポスは言う、

いや、私としては勿論、自分を奴隷の仲間入りさせるつもりなど全くありません。私には、何かそれら二つの間の中間の道があるように思われるのです。その道をこそ、私は歩もうと努めているのです。その道は支配も隷従も通ることなく、自由を通って続いているのであり、それこそは幸福へと導くものなのです。[22]

この〈支配する〉のでもなければ〈支配される〉のでもないことを理想とするアリスティッポスの「第三の道」路線に対して、ソクラテスはいま一度現実政治の厳しさを対置して、その甘さを指摘する。

いや、仮にその道が、支配も隷属も通ることがないのと同じように、人間の間も通っていないなら、おそらく君の言うことにも一理あるだろう。しかし、たとえ君が人間の間に暮らしながら、支配することも支配されることも、さらには支配者に進んで仕えることをよしとしないとしても、君だって次のことは目の当たりにしていることと思う。つまり、力に勝る者たちが劣る者たちを公私両面において嘆き悲しませながら、奴隷として用いる術を心得ているということはね。[23]

このようにソクラテスは、カリクレスやメロス島でのアテナイの使者の発言を思い起させるような言辞を以て、再三、現実政治の世界における支配と搾取の掟を直視すべきことを説く。が、そんなことで大人しく引き下がるアリスティッポスではない。ここでもまた、ソクラテスに肩すかしを食わせるのである。そのアリスティッポスが繰り出す奥の手は、――政治、つまり国家（ポリス）に所属することそのものの拒否である。アリスティッポスは言う、

いや、勿論、私はそんな目に遭わないために、国家の枠組みのなかに自分を閉じ込めたりしないで、どこでも外国人として留まっているのです。[24]

この答に対してもソクラテスは、旅人や各ポリス内における居留外国人が置かれている立場に潜む危険性を強調して、その非現実性、甘さを指摘する。ここに描かれるソクラテスは、ポリスへの帰属と現実政治の力学に順応すべきことをアリスティッポスに説いているわけであるが、ジゴンによれば、実はソクラテス派の主張そのものの中に一種の「脱政治志向」（eine Neigung zur Apolitie）が含まれているとされる。すなわち、「個人における魂への配慮（epimeleia psychēs）をその主たる関心事とするソクラテス派が、元々、脱政治志向を持っていたことに疑いの余地はない。」のである。[25]

脱政治志向のみならず、コスモポリタニズム的な要素もプラトン描くところのソクラテスには認められるかもしれない。例えば、『ソクラテスの弁明』の次の一節は、ソクラテスの徳の勧めがアテナイ市民のみに向けられたものではなく、老若男女、国籍を問わず、人間としての人間すべてに向けられたものであることをはっきり示している。その一節とは、既に第1章で引用したソクラテスの「徳の勧め」の言葉――「アテナイ人諸君、私は皆さんに親しみと愛情を抱くものではありますが、皆さんに従うよりもむしろ神に従うことでしょう。」で始まる訴え――であるが、その言葉に続けて、ソクラテスは次のように述べている。

> そして皆さんのうちの誰かが異を唱え、そうしたことに配慮していると主張する場合には、そのままでは彼を放免せず、私の方もまた立ち去らずに彼に質問し、取り調べ、吟味することでしょう。……年少の者にも年長の者にも、私は私が出会う誰に対しても以上のことを行うでしょう。また外国人にも、国の皆さんにもするでしょうが、ただ皆さんの方が生まれにおいて私に近い分、国の皆さんに対する方がいっそう多くなることでしょう。[26]

ここでソクラテスは、なるほど日頃接する機会の多いアテナイの同胞に対する働きかけの方が外国人に対するそれに優先するのは当然だとしてはいるが、重要なのは、ソクラテスによる「徳の勧め」が原理的には国籍に関係なく万人に向けられたものであることが、ソクラテス自身によって認められていることである。ただし、プラトンの『クリトン』（特に50A6–51C4）において、ソクラテス自身が国家そのものの必要性と、国と国法への忠誠の不可欠性を強調していることからすれば、国家への帰属の必要性に関しては、アリスティッポスとプラトン描くソクラテスの間にも、クセノポンのこの箇所におけるソクラテスとの間と同様の認識の相違があると見てよいであろう。

なお、政治的単位としてのポリスの枠組みに縛られないコスモポリタニズム[27]への志向は、前に紹介したシノペのディオゲネスなどにも帰せられている。その点に関しては犬猿の仲の二人の間に共通性が認められるかも知れないが、アリスティッポスの場合には、理想というよりも、どちらかというと面倒なことには巻き込まれたくないというのが本音だったのかも知れない。

一七―二〇節

以上に見たように、ソクラテスはアリスティッポスの見方の甘さを繰り返し批判するのであるが、これにはさすがのアリスティッポスも辟易したのか、些か突っかかり気味に次のように反論する。

> いや全く、ソクラテス、その帝王学（basilikē technē）――それをあなたは幸福（に至る道）と見なしているように私には思えるのですが――を修めるべく教育される者たちは、否応無しにひどい

目に遭わされる者たちと一体どこが違うのでしょうか。もし、先の者たちが自分の意志で（hekōn）飢えたり渇いたり寒さに震えたり寝ずの番をしたり、その他のあらゆる苦労をするのだとしたらですね。[28]

アリスティッポスの目から見れば、違わないどころか、わざわざ「苦しいことを我慢しようと望む者」、つまり帝王学を修めようとする志す者には「愚かさ」（aphrosynē）というおまけまでつくのである。

これに対してソクラテスは、「随意的なこと」（ta hekousia）と「不随意的なこと」（ta akousia）の区別を導入して反論する。すなわち、自分の意志で飢えや渇きを我慢する者はいつでも好きな時に我慢するのを止めて飲み食いすることができるのに対して、我慢することを他人から強いられている者たちはそうできないという点で、決定的な相違があることを指摘する。そして「自らの意志で骨を折る者は、ちょうど獣を狩る者たちが獣を仕留める期待の故に喜んで（hēdeōs）骨を折るように、その苦労の成果に対する大いなる期待に胸を弾ませる（euphrainetai）」（十八節）と、快さの点でも、前者の生の方が勝っていることを改めて強調する。さらに彼によれば、快楽と言う点での前者の優越は、生きている間だけではなく死んだ後にまで及ぶとされるが、ここで注目に値するのは以下の二点である。

その第一点は、終始一貫して苦を避け快を追求しようとするアリスティッポスに対して、ソクラテスが善悪といった別の尺度を持ち出して反論するのではなく、快楽という同じ土俵の上で、その多寡を尺度として生き方の優劣を論じていることである。

第二点は、快楽の多寡による比較を行う際に、目先の快に視野を限定するのではなく、より長期的な観点から比較がなされていることである。つまり、快楽という同じ土俵に立ちながらも、ソクラテスが主張しているのは人生全体、さらには死後までも視野に入れた上での快楽の総量なのである。この点で、ここにおけるソクラテスの見解は、プラトンの『プロタゴラス』篇終盤でソクラテスによって提唱される「快の計量術」に極めて近いと言えるであろう。[29]

仮にアリスティッポスが、伝えられるように元々時間を〈線〉としてではなく〈点〉としてしか捉えていなかったとすれば、このソクラテスによる説得もまたどれだけ効き目があったかどうか疑わしいが、それを見越してかどうか、ソクラテスは今度は有名詩人たちを持ち出して何とか折伏しようと試みる。

先ず引用されるのは、ヘシオドス（前八世紀末頃）の教訓詩『仕事と日』の有名な一節である。曰く、

> 悪しきことをたっぷり手に入れるのは、実に易しい。それに至る道はなだらかで、それは直ぐそこに座しているからだ。
> これに対して、善きこと（徳）の前には、不死なる神々は汗を置かれた。それに至る路は長く急

で、特に出だしがきつい。

だが一度頂上に至れば、それからは誠に容易である。なるほど困難な路ではあったが。[30]

次に引かれるのは、エピカルモス（前六世紀頃–五世紀前半）である。

お前たちの労苦を対価としてはじめて、神々は善きものの全てをお前たちにお頒けくださるのだ。[31]

そして真打ちとして登場するのが、ソフィストのプロディコス（前四六五年頃–前三九五年頃）である。

美徳の女神 vs 悪徳の女神

二一―三四節

プロディコスは『プロタゴラス』にも登場し、お得意の単語の意味の分析を披露しているが、ここでソクラテスが紹介するのは、『青年ヘラクレス』もしくは『岐路に立つヘラクレス』の名で伝わる物語である。ソクラテスが記憶を頼りに物語るところによれば、その出だしは以下の如くである。

彼（プロディコス）の語るところによれば、ヘラクレスが少年から青年になろうとしていた頃――その頃には、若者たちは自立して、自分がこれから美徳の道を通って人生を歩むのか、それとも悪徳の道を通って歩むのかを明らかにするものなのであるが――、一人静かな所へ出かけて行って、はたしてどちらの道を歩むべきか思案に暮れていたそうである。[32]

このように深く思い悩んでいるヘラクレスの許へ美徳と悪徳の二人の女神が姿を現し、それぞれ自分の道を歩むべきことを説くのであるが、ジゴンはこの冒頭の一節についても適切な註解を与えている。それは「静かな所へ出かけて行って」（exelthonta eis hēsychian）という、一見したところごく普通の描写の意味についてである。ジゴンによれば、この記述は三つのことを示唆しているとされる。すなわち、一つはヘラクレスの自立の強調であり、二つ目はそれについて熟考すべき事柄の重大さであり、その三は女神たちが登場するための舞台を整えることである。[33]

惟かに、「出かけて行って」という言葉は、両親を始めとする身内からの離脱を表すものとして精神的自立を象徴する表現であろうし、また「静かな所」とは、日常的喧噪とお喋りの対極にある本来的な自己と向かい合う場を意味していると思われる。そして、そのような場こそが、女神が姿を現すにふさわしいのは言うまでもない。

このように舞台が整えられたところで、二人の女神が登場する。その一人はいわば清純派の美徳の女神であり、もう一人はグラマーで厚化粧の悪徳の女神である。この二人の外見の対比以上に秀逸なのは、その振舞の対照である。ソクラテスは言う、

さて彼女たちがヘラクレスにもっと近づいた時、最初に言及された神（＝美徳の女神）は同じ様子で進んだが、もう一人の方（＝悪徳の女神）は先んじようと思ってヘラクレスに駆け寄ると、言った。[34]

この描写は、いかにも悪徳の女神の人柄（?）をその外見以上にあからさまにしたものとして極めて効果的であるが、考えてみれば、とかく悪徳というものは足が速く、逆に美徳もしくは洞察というものは遅れて——あるいは往々にしてあまりにも遅く——やってくるものなのではないだろうか。ここで思い出されるのは、プラトン『ソクラテスの弁明』でソクラテスが死刑判決の後に語る言葉である。

いや諸君、おそらくそれ、つまり死を免れるのが難しいのではなく、卑劣さを免れることの方がはるかに難しいのです。なぜなら、それは死よりも足が速いからです。いまもまた、私の方は年寄りで足が遅いために足の遅い方につかまったのですが、私の告発者たちの方はやり手で頭が切れるので、足の速い方、つまり悪徳につかまったのです。[35]

それでは、悪徳の女神がヘラクレス目がけてダッシュして説いた内容はいかなるものであろうか、――それはまさに、「できるだけ楽に、しかも快適に暮らすこと」を望むアリスティッポスにとっては願ってもないような話である。

女神は言う、

ヘラクレスよ、私はあなたがどのような道をとって人生を歩むべきか迷っているのを目にしています。そこでもしあなたがこの私を恋人にするなら、私はあなたに最も快楽に満ちた最も楽な道を歩ませてあげるでしょう。そしてあなたは、楽しいことに関してはそのどれ一つとして味わわないことはなく、他方、辛いことについては一生経験しないで済むでしょう。[36]

続けて女神は、飲食からセックスに至るまで、美味しそうな話をこれでもかとばかり並べ立てる。その中でも特に注目されるのは、この女神が単なる快楽主義者であるに止まらず、快楽を調達するためには手段を選ばず、他人の労苦の成果さえ横取りすることを辞さないエゴイストでもある点である。彼女は公言する、

仮に以上のもの（＝快楽の対象）を手に入れるための元手が不足する恐れが出てきた時にも、そ

れらのものを調達するために私があなたに体や頭を使って苦労させるなんて心配はありませんよ。そんなことはせずに、あなたはあなた以外の人間が働いて作りあげたものを使えばよいのです。どこからであろうと、何か儲けられるところがあれば、何一つ遠慮なんかしないでね。[37]

最近も幾多の汚職事件がマスコミを賑わしているところを見ると、何時の世にも悪徳の女神の色香に迷う御仁は少なくないようであるが、現存する史料から見る限り、このようなアモラリズムまでアリスティッポスが共有していたかどうかは疑問である。

さて、以上の悪徳の女神の美味しい話に対する美徳の女神の反論は、既に前節で見たソクラテスの反論と軌を一にするものであるが、新たな点として注目されるのは、悪徳の女神の虚飾を暴く中で、自らの立場を真理と実在といったエレア派的な述語を用いて規定している点である。彼女は言う、

私はあなた（ヘラクレス）を、快楽の賛美で欺こうとは思いません。そうではなく、神々が物事を配置されたその通りに、有るがまま（ta onta）を、真実に従って（met' alētheiās）お話しすることにしましょう。[38]

彼女の語る真実とは、「骨折りと心がけ無くしては、神々は真に立派で善いことの何一つとし

て人間にお与えになることはない」という、先のヘシオドスやエピカルモスの言葉とも共通する洞察である。この洞察自体に特に目新しいものはないが――かといって、その真実性が薄れるわけでもないだろうが――、この洞察に基づいて、美徳の女神は悪徳の女神を真の快楽を知らないとして批判する。

あなたは、どんな善いものを持っているというのでしょう。あるいはどんな快いことを知っているというのでしょう。それらのもののために、何一つしようとしないくせに。あなたときたら、快いものに対する欲望が目覚めるのを待つこともなく、欲しくなる前に全て充足するのですから。お腹が減る前に食べ、喉が渇く前に飲み、その挙句、美味しく食べるために料理人を調達し、美味しく飲むために高価なワインを買い入れ、真夏に走り回っては雪を求めるのです。[39]

本章1節の(2)で見たように、アリスティッポスが贅沢好みだったことは間違いなさそうであるが、同時にまた、「現にあるものからの快楽を享受し、現にないものの愉しみを苦労して追い求めることはしなかった」とすれば、以上の悪徳の女神に対する批判は彼には当てはまらないことになる。

以上の批判に続けて美徳の女神は、前節のソクラテス同様、死後も含め、美徳の生活の方が長期的には快楽においても勝ることを強調して、その説得を終えている。以上から我々は、ソクラテス並びに美徳の女神がアリスティッポスに勧めているのは、徳のみが唯一の善であるとするストア的な倫理的厳格主義ではなく、飲食の快から死後の名声まで含め、長期的な視点から快の総量を最大化すべきことを説く、いわば知性的快楽主義とでもいったものであると結論してよいであろう。が、既に述べたように、アリスティッポスが抑々そのような視点を持たなかったとすれば、いずれも空振りに終った可能性が高いのではないだろうか。

実は『ソクラテスの思い出』の中で、もう一ヶ所、アリスティッポスが登場してソクラテスと対話を交わす場面がある。それは第三巻の八章である。これまで見てきた第二巻と比べると内容的に平板で、アリスティッポスも生彩を欠いて魅力に乏しいのであるが、クセノポンの描くソクラテスの思想を知るうえでは興味深いので、一応、紹介しておくこととしたい。

クセノポンの叙述によれば、この対話の切っ掛けはアリスティッポスのリヴェンジ願望にあるとされる。では、どのように復讐しようと思ったのだろうか。最初の段落全体を纏めて訳出すれば、以下の通りである。

アリスティッポスが、以前、自分がソクラテスによって論駁されたのと同じようにしてソクラテスを論駁しようとした時、ソクラテスは、その場にいる者たちを裨益しようと望んで、次のような仕方で応答した。つまり、自分の主張がねじ曲げられたりしまいかと用心する者たちのような仕方でではなく、己の信念に確信を持つ者が、なすべきことを精一杯果たすという仕方によってである。

すなわち、アリスティッポスはソクラテスに「あなたは何か善いものを知っていますか?」と尋ねたのであるが、それはソクラテスが何かこうしたもの——例えば、食べ物や飲み物や、財産や健康や、強壮さや大胆さ——のどれかを挙げたら、それが時には悪いものともなり得ることを示すためであった。これに対してソクラテスは、「何かが我々を悩ませる時には、我々はそれを終らせるものを必要とする」ということが分っていたので、最も効果的な仕方で答えたのである。彼は言った。「いったい君は僕に、僕が何か熱病に善いもの(効くもの)を知っているか、と尋ねているのかね?」これに対して、「僕はそれを尋ねているわけではありません」とアリスティッポス。「では眼病に善いものかね?」とソクラテス。「それでもありません」とアリスティッポス。「それでは飢えに善いものかね?」とソクラテス。「飢えにでもありません」とアリスティッポス。そこでソクラテスは言った。「いや実際、もし君が僕に〈何に対しても善いものではあり得ない(効果がない)ような、そういう善いものを何か知っているか?〉と尋ねているのだとしたら、僕は知りもしないし、必要ともしないね[40]」。

ここで先ず興味深いのは、先に見た第二巻での両者のやり取りでアリスティッポスが「ソクラテスによって論駁された」とクセノポンが見ていることである。果たしてそうであろうか?我々が見たように、さすがのソクラテス——クセノポンのソクラテスではあるが——も、アリスティッポスを前にはまさに「暖簾に腕押し」に終ったのではないだろうか。最後の教訓詩も、どれだけ効き目があったか、疑問符がつく。またアリスティッポスがそこで繰り広げていた自説――立身出世主義からのドロップアウトや「中間の道」とコスモポリタン的志向――も、ソクラテスが当然視する思考の前提そのものを疑問視するという点では、それ自体、十分考慮に値するだけの問題提起となっているのではないだろうか。その限りにおいては、「論駁された」とのクセノポンの冒頭の評定には、図らずもクセノポンの限界が露呈しているようにも思われるのである。

次に興味深いのは、アルキビアデスではなく、アリスティッポスまでも（？）が、「論駁しようとした」とされていることである。『列伝』や第二巻のやり取りを見る限り、――贔屓目かも知れないが――、アリスティッポスが過去のことを根に持ったり、人に対して腹を立てるということ自体がありそうにも無いように思えるのである。それすら、面倒くさがったのではないだろうか？

それはさておき、本論に戻ると、アリスティッポスの質問の狙いは、ソクラテスに対して善（利益）の相対性を指摘してやり込めることにあったと思われる。ところが、豈図（あにはか）らんや、次に見るように、ここでのソクラテスは自分から〈善〉や〈美〉の価値の相対性を力説するのである。その内容はいかなるものであろうか、――続きを見ることとしよう。

「善いもの」の次にアリスティッポスが尋ねるのは、「美しいもの」（立派なもの）についてである。再び引用すれば、そのやり取りは以下のようなものである。

さて再びアリスティッポスがソクラテスに、何か美しいものを知っているかどうか尋ねると、『とても多く知っているとも』と彼は言った。そこで『それらはすべて互いに似ているのでしょうか?』とアリスティッポスが尋ねると、『実際、これ以上ないというぐらい似ても似つかないものも、いくらかあるよ。』とソクラテス。『だとすると、どうして美しいものに似ていないものが美しいなどということがあるのですか?』とアリスティッポス。『ゼウスに誓ってそれはね、走ることにかけて美しい人間に、レスリングにかけて美しい別の人間は似ていないし、また身を護ることにかけて美しい楯も、勢いよく速く飛んでいくことにかけて美しい槍には、似ても似つかないからだよ。』とソクラテス。[41]

このソクラテスの答えに、前の質問に対する答えと同じではないかと不満気なアリスティッポスに対して、ソクラテスは次のように自説を展開する。曰く、

では君は、善いものと美しいものは別々だと思うのかね。君は知らないのかね、つまり、[(1)]同じ一つのものとの関係において、あらゆるものは美しくもあれば善くもあるのだということを。というのも、先ず、徳というものはあるものとの関係では善いものであるが別のあるものとの関係では美しいということはないからであり、次に人間たちについても同様であって、同じものとの関係にお

いて美しく善いと言われるからだ。さらに、同じものとの関係において人間の肉体もまた美しく善いと見えるのであり、(2)人間たちが用いる他のあらゆるものも、同じもの、つまりまさにそれが役に立つものとの関係において美しく善いと見なされるのだからだ。[42]

この引用文では二つのことが主張されているように思われる。すなわち、傍線部(1)では〈美しいもの〉と〈善いもの〉の同一性が主張され、傍線部(2)では或るものとの関係において、つまり或ることに役に立つかどうか、その有用性によって物（人間を含む）の美しいか（＝善いか）否かが決まるという主張である。仮に、最初の主張を「美と善の同一性テーゼ」、後の主張を「価値の相関性もしくは相対性テーゼ」と呼ぶとすれば、前者は『アルキビアデス』においてソクラテスが主張しアルキビアデスも認めたものであり、後者は実は『プロタゴラス』においてソクラテスではなく、ソフィストのプロタゴラスが展開する主張である。ここで特に注目されるのは、言うまでもなく、後者である。では、プロタゴラスはどのような主張をしているのであろうか。彼は言う、

私について言えば、食べ物であろうと飲み物であろうと、薬であろうと、またその他の無数の物であろうと、人間にとって何の益にもならない物を私は沢山知っているし、有益な物があることも知っている。

また人間にとってはそのどちらでもないが、馬にとっては有益である物も知っている。牛にだけ有益なものもあれば、犬に有益な物もあるし、また或るものはそれらのどちらにも有益ではないが、樹木には有益なのである。さらには、樹木の根には有益であるが、葉には有害なもの、例えば糞尿は植物の根に撒かれれば有益であるが、芽や若い枝にかけようと欲するなら、すべてを枯らしてしまうだろう。オリーブ油もまたすべての植物にとっては有害極まりなく、また人間の髪の毛を除いて他の動物の毛にとっては一番の大敵なのである。しかし人間の髪の毛とそれ以外の体の部分にとっては有益なのである。すなわち、善さ（to agathon）というものはかくも多彩にしてあらゆる性質を帯びた何かなのであり、その結果、そのオリーブ油の場合でも、体の表面に関しては人間にとって有益であるが、その同じものが内蔵にとっては最悪なのである。[43]

このプロタゴラスの主張も、〈善さ〉を或るもの(A)が或るもの(B)にとって役に立つかどうか、その有益さで判断するものであり、先にアリスティッポスの質問に対する回答の中でソクラテスが述べていた二番目の主張と同じと見てよいであろう。そして面白いのは、プロタゴラスが糞尿（kopros）の例を挙げているのに対して、実はアリスティッポスとソクラテスのやり取りの中でも同じ糞尿が登場することである。

先のソクラテスの答えを聞いたアリスティッポスは、こう尋ねる。

それでは、糞尿を運ぶための籠（koprophoros）も美しいのですか[44]？

それに対するソクラテスの答えはこうである。

ゼウスに誓って、そうだ。実に黄金製の楯でさえ醜いのだ。もしも、一方（籠）は自分の仕事を果たすために立派に仕上げられているのに対して、他方（楯）は拙く作られているとするならばね[45]。

地方では、昭和の中頃でも通学路の傍の田んぼの縁に肥だめがあったのを思い出させられる会話であるが、以上の二つの引用から明らかになるのは、クセノポンのソクラテスとプロタゴラスの両者とも、価値の相関性、相対性あるいは文脈主義とでもいった立場を取っていることである。キューナーはその註解の中で、次のように解釈している。

ソクラテスの教えによれば、絶対的に善いものは一つもないのであって、個々のものとの関係において善いに過ぎない[46]。

このような解釈が正しいとすれば、こうした相対主義的見解はアリスティッポスの状況主義と親縁関係にあると見ることもできそうである。第二巻におけるエピソード同様、この第三巻のエピソードにおいても、最終的にアリスティッポスがどのような立場を取ったのかは明らかにされないままに終っているので、彼自身がソクラテスの主張に納得したかどうかは判断しかねるが、アリスティッポスの最初の質問の意図がクセノポンの推測通りであるとするならば、ソクラテスの答えはむしろ自説を裏書きする歓迎すべきものだったかも知れない。

人生術の達人?

以上、我々はアリスティッポスの思想と人柄について探ってきたのであるが、かくもユニークなアリスティッポスに対してソクラテスはいったいどのような影響を及ぼしたのであろうか。その判断を下す前に、纏めを兼ねて、新カント派の哲学者ナトルプ（一八五四年―一九二四年）によるアリスティッポスの思想の要約を一瞥しておくこととしたい。というのも、その要約は簡潔ながらも、アリスティッポスの思想と人柄を極めて的確に描き出しているように思われるからである。ナトルプによる箇条書き風のスケッチを要約すれば、以下の通りである。

（i）　自分の生活を望み通りに作り上げることに長けているが、しかし、意に反する状況にあって快活に振る舞うことにも巧みである。

（ii）　死に対する不安を持つことなく、生きていることを喜ぶ。

(iii) 享楽を好みはするが、何らかの激情に支配されることもない。
(iv) 人に親切ではあるが、心底、尽くすことはしない。
(v) 人びとの弱点を見抜いているが、彼らを教化しようと努力することはしない。
(vi) 高い教養と洞察に富むが、学を衒(てら)うこともなければ、持続的な学問的関心を持つこともない。
(vii) 基本的に、瞬間に身を任せて生きる。
(viii) 役に立たないような思案を嫌う。

以上の諸特徴を綜合して、ナトルプは「彼(=アリスティッポス)は、学問的な意味における哲学者というよりもむしろ、人生術の達人(ein Virtuos der Lebenskunst)であったように思われる」と結論している[47]。なかなかウィットに富んだスケッチであるが、その際、ナトルプが主な史料としているのは、最初に見た『列伝』の報告であるように思われる。

しかし、そこに挙げられた諸特性の大部分は、第二巻のエピソードでクセノポン描くところのアリスティッポスの受け答えから見ても、十分アリスティッポスに帰すことができるものであろう。ただこのリストには欠けていてクセノポンに見出されるのは、アリスティッポスの国家もしくは政治からの離脱への志向、消極的な意味におけるコスモポリタニズムへの傾斜である。我々はこれを、『列伝』の項であげた三つの特徴——(1) 金銭欲、(2) 快楽主義、(3) 状況主義——に加えて、第四の特徴とすることができるであろう。

さて、アリスティッポスの生活と思想が基本的に以上に見てきたような性格のものであったとした場合、それはどの程度の危険性を孕むものであったろうか。慥かにそれは、ヘシオドスの教訓詩に代表されるような刻苦勉励型の倫理観からすれば、さぞ堕落したものと見えたであろう。しかし、悪徳の女神が説く手段を選ばない強引な快楽主義とは違って、アリスティッポスの快楽主義が欲しいものが無ければないで済ますことができる――単に面倒くさかっただけかもしれないが――節度ある（？）快楽主義であったとすれば、さほど他人に迷惑をかけるものでもなかったであろう。

また政治へのコミットメントを嫌い、目先の個人的楽しみの追求を最優先したとすれば、為政者の目にはむしろ御しやすい無害な存在と映ったかも知れない。唯一問題になり得るとすれば、それは既存の国家という枠組みそのものから自由になろうとする志向であろう。なぜなら、それは所属ポリスへの忠誠を否定することによって、内部からその弱体化を促進しかねないからである。しかし、ソクラテスが「徳の勧め」を政治参加よりも重要と考えたこと、またその勧めが原理的には所属ポリスの枠を越えて万人に向けられたものであったとしても、先にも触れたように、『クリトン』において述べられる国家観や、ソクラテス自身は数度の出征を除いてアテナイの外に出たことがないという伝記的事実を考えると、国家そのものへの所属の拒否という点に関してソクラテスがアリスティッポスの信念形成に決定的な影響を与えたとは考えにくい。先にも述べたように、諸国を遍歴しながら謝礼をとって教授したという生活スタイルで近いのはむしろ、プロタゴラスを始めとするソフィストたちであろう。この点に関連して、『プロタゴラス』の中でソフィストのヒッピアスがノモスとピュシスの対立概念を用いてポリスの壁を批判していること[48]、またアンティポンもピュシスの名において非ギリシア人(バルバロイ)への偏見を批判していることを思い起すべきであろう[49]。

このように見てくると、ソクラテスがアリスティッポスの生き方、考え方にそれほど大きな影響を与えたとは考えにくいように思われる。アリスティッポスの生き方をどう評価するかに関わらず、少なくともソクラテスによって「堕落」させられたという可能性は低そうである。また、なるほどクセノポンはアリスティッポスがソクラテスを「論駁」しようとしたと述べてはいるものの、一部の青年たちやアルキビアデスのように、アリスティッポスが論駁法(エレンコス)を偶像破壊的な目的のために駆使するといったことは想像しにくいように思われる。ただし、このようにソクラテスの影響を善きにつけ悪しきにつけ小さく見積もる解釈に対して、その影響をより積極的な意味で大きく評価する見方もある。例えばデーリングは、次のように述べている。

> 慥かにアリスティッポスが表明する哲学上の諸見解は、かなりソクラテスの説からかけ離れているように見える。しかし、もし彼における快楽主義に関する見解と認識論に関する見解の連関が、彼の後継者たちにおけるそれと異なるものではほぼあり得ないということ、従ってまた認識論に関

する見解の帰結として快楽主義に関する見解も生じていることを考慮に入れるとするならば、次のことが見て取れるであろう。すなわち、アリスティッポスをその哲学上の諸見解の形成へと導いた動因は、いずれにせよ徹底的にソクラテス的なものであったということ、つまり、それはソクラテスが人に求め続けたまさにそのこと——先ずいかなる留保や偏見からも自由になって、善とは何であるのかについて洞察を得るために努力するとともに、次いで、そのようにして獲得された洞察を行為の尺度とするために努力すること——を行おうという望みであった[50]。

些か買いかぶりに過ぎるように筆者には思われるが、いずれにしても不思議なのは、およそソクラテスの弟子からぬこの人物がどうしてソクラテスのサークルに留まり続けたのか、ということである。ひょっとするとアリスティッポスは、まさにソクラテスが自分と正反対の生き方をしているという点に惹き付けられたのかも知れない。そしてアリスティッポスが、たとえクセノポンなどから見れば一番だらしない「不肖の弟子」であったとしても、途中で去ったアルキビアデスなどとは違い、『パイドン』の記述から推測されるように最後までソクラテスの引力圏に留まり続けたことは、ソクラテスにとって決して不名誉なことではなく、むしろ一つの勲章——なるほどそれは勲章というには些か品位と威厳に欠けるかも知れないが、それはそれでまた独自の輝きを放つ異色の勲章——と言えるかも知れない。

ところで、もう一つ興味深いのは、脱ポリスを目指したアリスティッポスではあるが、最後には渡り鳥生活に終止符を打って、故郷のキュレネーに戻ったらしいことである。というのも、哲学史では、アリスティッポスの学統を娘のアレテー、さらにはその息子である「母親に教えられた」アリスティッポスが継いだと伝えられるからである。もしそれが正しいとすれば、heimatlos（故郷喪失）とも言うべき生涯を送ったアルキビアデスに対して、アリスティッポスは本意か不本意かは不明だが、故郷に根を下ろしたと言えるであろう。いずれにしても、どこか憎めないところのある、人を惹き付ける魅力を持った人物だったのではないだろうか。

そしてプラトン
――結びに代えて

以上、我々はソクラテスと親交のあった三人、クレイトポン、アルキビアデス、アリスティッポスの三人について、はたして「告発者」が弾劾するようにソクラテスによって堕落させられたのかどうかについて検討を加えてきた。繰り返しになるかもしれないが、既に述べたように、この三人に限ってみれば、特にソクラテスとの交際が原因で堕落した可能性は低いと見られる。なるほど享楽的生活という点では、アルキビアデスとアリスティッポスは世間的な基準からすれば十分堕落していたと言えそうであるが、アルキビアデスの場合は生まれつき、アリスティッポスについても同様と言えそうである。ただし、アリスティッポスについては、古来、足るを知る快楽主義という解釈があることも見た。クレイトポンに関して言えば、おそらく世間的な意味での堕落とはあまり関係がなかったと見ることができるのではないだろうか。とすると、ソクラテスの影響力自体が大したことはなかったのではないかとの印象を与えるかもしれないが、これまた我々が見てきた通り、クレイトポンとアルキビアデスはソクラテスの「徳の勧め」に感激し、アリスティッポスもまた最後までソクラテスから離れなかったことを思えば、やはりソクラテスの吸引力はかなりのものだったと見るべきであろう。

と同時に、以上の三人は人並みはずれた知性と行動力を具えたエリートであり、我が道を行くだけの自我の強さを持った人物たちだったと思われるのに対して、他方において、『国家』第七巻で描写されたような、論駁ゲームに熱中した末に懐疑の深淵に沈んだ多くの無名の若者たちがいたであろうことも忘れてはならない。だからこそ、古代以来、ソクラテス批判者も絶えなかったのだと思われる。

ソクラテス批判の歴史を振り返ってみれば、古くは喜劇作家のアリストパネスの『雲』や、ポリュクラテスの『ソクラテス弾劾』などがあり、また近代では冒頭でも触れたニーチェの『悲劇の誕生』などがある。そして現代では、アメリカのヌスバウムの諸論考がある。ヌスバウムについては、『クレイトポン』に関連しても言及したが、女史は『雲』を取り上げ、作者アリストパネスのソクラテス批判について詳細な分析を加えている。その分析を紹介する前に、『雲』の粗筋を紹介すれば以下の通りである。

先ず登場するのは、競馬狂い——と言っても今流の競馬ではなく、自ら手綱を取っての馬車競争——に夢中の息子ペイディッピデスのために借金で首が回らない父親、ストレプシアデスである。返済期日が迫る中、彼は息子を弁論術で有名なソクラテス主宰の思索道場（phrontistērion）

に入門させることを思いつく。そこでは「正論」(ho kreittōn logos)――文字どおりには「より強力な議論」を意味する――と「邪論」(ho hēttōn logos)――文字どおりには「より弱い議論」を意味する――の両方が教授されるとされるが、ストレプシアデスの狙いはクロをシロと言いくるめる後者を息子に学ばせて借金取りを撃退することにある。

しかし、この父親の提案を体育会系の息子は拒否、止むを得ずストレプシアデス本人が入門するも、見込みが無いとして追い出される。途方に暮れた彼は息子に最終通牒を突きつけ、何とか入門させることに成功。息子は渋々入門したものの、ソクラテスの許で修行を積んで晴れて卒業する。そして父親は息子に教わった弁論の術、すなわち「邪論」を駆使して借金取りを撃退、めでたく二人で乾杯とあいなったが……。その席で二人は趣味の違いをめぐって口論となったあげく、息子が父親をポカリ。そんなことがあってなるものかといきり立つ父親に対して息子は修得した術でそれを正当化。おまけに母親まで殴ることも正当化してみせると豪語するに至って、ストレプシアデスは「邪論」を学ばせようとした自分の浅はかさに気づく。が、気づいただけでは終らず、何と彼はソクラテスの道場に火をつけるのである!

喜劇と言うにはあまりにもシリアスな結末を迎えるこの作品の中でも女史が特に注目するのは、劇中劇として展開される「正論」と「邪論」の論争である。[1] 女史によれば、「正論」が代弁するのはノモスすなわち伝統的な行為規範や教育であるのに対して、「邪論」の狙いはそのような既成のノモスをピュシスすなわち自然の名によって否定することにある。[2] 作品の中ではより強い筈の「正論」が「邪論」に論破されるが、女史はその原因が議論による吟味と理性の軽視にあるとする。[3] 対する「邪論」の主張もまた野放図な快楽主義に行き着くだけとして否定的に評価されるが、[4] しかしその論駁のテクニックにはソクラテスの論駁法に通じるものがあるとされる。[5] そして女史はソクラテスの方法に含まれる問題点として、以下の三点を挙げる。

すなわち、

（i）道徳教育において、人柄ならびに、非合理的な要素の習慣づけによる訓練が果たすべき必要不可欠な役割に対する配慮の不足

（ii）彼が批判したものに取って代わるべき積極的なプログラムの欠如

（iii）誤解に対する彼の無防備さ（openness）

第三点について補足すれば、それは「生徒を選ぶことにおける不用意さ」つまり、その生徒が予め習慣づけなどを通して、論駁法を学ぶための適切な準備ができているかどうかの事前調査を無視しているという点で、第一点と連関しているとされる。[6]

女史は我々も引用した『国家』第七巻の一節を論文の冒頭で引用しているがそれに関連して次のように述べている。[7]

「我々のエピグラフの中でプラトンが適切に観察しているように、未熟な若者がそれ以上の積

極的な訓練を何ら受けることのないまま論駁（エレンコス）の混乱させる力に晒されるなら、相変わらず権威に対する尊敬の念を持ち続けるとは我々には思えないのである。[8]」

女史によれば、以上の三点についてプラトンは次のような修正を加えたとされる。

（i′）習慣づけに関して：「習慣づけの無視は、プラトンによってソクラテスの試みの最大の欠点と感じられた。『国家』第四巻における人間の本性についての説明は、すべての欲求は善のためであるということを否定するとともにアクラシアの現実を認めることによって、ソクラテスの主知主義に反対している。[9]」

（ii′）積極的な代替案の提示に関して：「『国家』が我々に対して、正義とそれ以外の徳について実質的かつ積極的な説明を与えているのは明白である。（中略）第一巻を、『国家』という積極的な形で道徳および政治を取扱った作品に対する序曲として書くことによって、プラトンはソクラテスが成し遂げたのは道徳哲学への序曲に過ぎないことを我々に告げているのである。作品の残りの部分は、ソクラテスの説明において彼が間違っていると信ずるもの、あるいは説明に欠けていると信ずるものを我々に示しているのである。[10]」

（iii′）開放性もしくは無差別性に関して：「ソクラテスの問いかけ（questioning）の本質はその開放性と公共性にある。ソクラテスと出会う人は誰でも論駁にかけられる可能性が有る。すなわち、彼は自身をアテナイ民主制の虻だと述べている。プラトンは、一般に対して開かれた問答法が社会の安定に与える甚大な脅威についての認識と、社会的安定を欠いては人は良い人生を送ることができないとの信念から、次のような結論に辿り着いた。すなわち、予めよく訓練された、ずば抜けて知的な者たちだけに問答法を制限する必要に辿り着いたのである。[11]」

以上の指摘は、多かれ少なかれ、我々もまたこれまでの検討の中で触れた点であるが、プラトンがソクラテスの哲学に批判的修正を加えるに至った過程においては、彼自身が直に見聞したであろう当時の若者たちが置かれた精神的境位についての透徹した洞察のみならず、おそらくは「クレイトポンの挑戦」のような問題提起も少なからぬ役割を果たしたのではないだろうか。

そのように見るとき——当たり前だ、と言われてしまうかもしれないが——クセノポンも含め、ソクラテスと親交のあった若者たちの中でも、やはり最も重要な存在は、「第四の若者」としてのプラトンということになりそうである。

ヌスバウム自身は、民主主義評価との関連もあってか、プラトンよりもむしろアリストテレスの見解により多く共感を覚えているようであるが、当然ながらソクラテスの死後に生まれた（前三八四年）アリストテレスはソクラテスとは交流がなかったことから、ここではその点に立入らないことにする。

最後に改めてプラトンとソクラテスの関係についてみれば、それはソクラテス的意味における哲学することの批判的継承と見なすことができるかもしれない。すなわち、その思索の歩みは、一方で「徳の勧め」の輝きに触発されながらも、他方ではその影の部分も見据えるとともに、探求の方法としての論駁法（エレンコス）の有効性と同時にその自己目的化の危険性も洞察し、その対策を講じることによって、ソクラテス的なものに潜む負の側面の克服を目指す試みと見なすことができるであろう。さらにまた、ソクラテスにおいては哲学か政治かという二者択一が前提されているように見えるのに対して――本人は「真の政治」を実践しているのだと主張してはいるが[12]――、プラトンにおいては哲学と政治、観想的生と実践的生の止揚統合が目指されており、――勿論、それはそれで幾多の問題を孕むものであるが――その限りにおいて、アリスティッポスとはあくまでも対極にあるとしても、クレイトポン、アルキビアデスが選択した実践的生もまた、その理念の内に掬いとられているとみることができるのではないだろうか。

おわりに

実は以前から『ソクラテスと若者たち』というテーマで本を書きたいという気持が有り、文献表にも記した論考「ソクラテスと若者たち——アリスティッポスの場合」を皮切りに、自分自身の構想としては、アルキビアデス、クレイトポンについても青山学院大学文学部史学科の紀要に連載し、あわよくば一書に纏めたいと念願していた次第である。ただ性来の尻軽さもあって、様々な場所に単発的に発表する結果となり、全体として統合することも無いまま時が過ぎてしまったのであるが、思いがけず、今回、年来の念願がかなうことになった。

その切掛けは、筆者が非常勤講師として出講していた東京大学の本郷キャンパスでの授業に参加されていた当時の学生さんで、その後、春秋社に就職されていた加藤弘朗氏が小生に執筆を打診してくださったことにある。氏のお話では、授業でも扱っていた『クレイトポン』あるいはルネッサンス期のベッサリオン——東方キリスト教会の重鎮で、東ローマ帝国滅亡後はローマに亡命、枢機卿にまで出世するとともに、卓越した古典学者でもあった人物——でも、どちらを中心にしてもよいとのことであったが、ベッサリオンの研究はまだ入り口についたばかりということで、『クレイトポン』も含めることが出来る『ソクラテスと若者たち』というテーマの書物を提案させて頂き、御了承を得ることができた。

また学生時代に、春秋社から刊行されていたフランスのキリスト教実存主義者と言われるガブリエル・マルセルの著作集を愛読した時期が有り、その春秋社さんからの御話ということで、大変、嬉しくかつ光栄に思い、浅学も省みずお引き受けさせて頂いた次第である。

本書はこのような僥倖に恵まれて誕生したのであるが、無事、刊行に漕ぎ着けられるに至ったのは、編集作業半ばで加藤氏からバトンを引き継がれた編集部長の小林公二氏の並々ならぬ御奮闘の賜物である。直しが多い上に読み辛い筆者の校正と最後まで忍耐強く付き合ってくださった御努力に深く感謝申し上げるとともに、厳しい出版状況の中で、本書の出版を決意してくださった神田明社長はじめ、春秋社の皆様方に心より御礼申し上げる次第である。

二〇二一年十月二十一日

三嶋輝夫

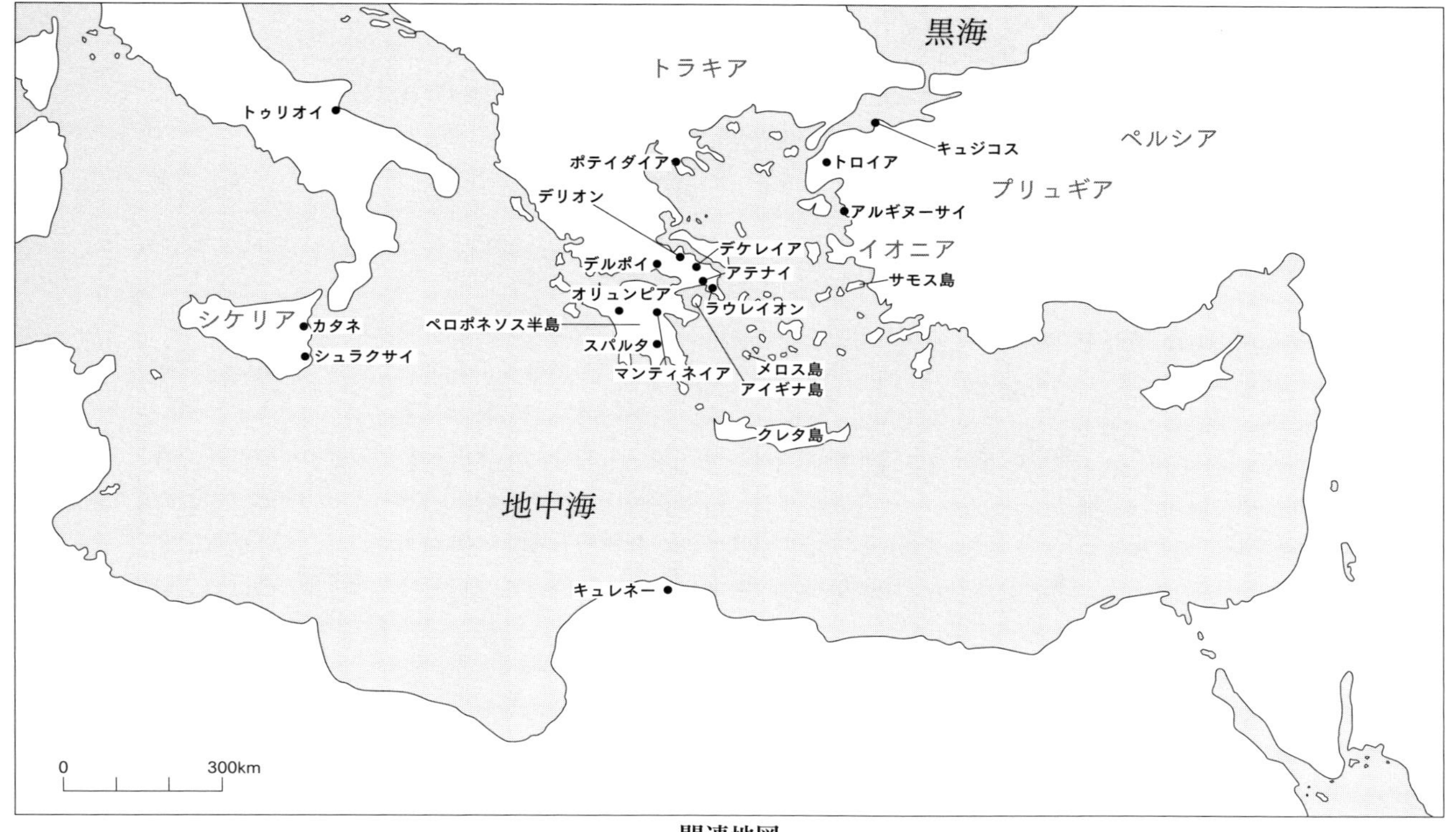

関連地図

(*Ancient History Atlas, 1700 B.C. to A.D.565* by Michael Grant, Cartgraphy by Arthur Banks, 4th edition, Weidenfeld and Nicolson, 1990 をもとに作成)

関連年表

西暦（年）	主な事項
前四六九	ソクラテス生まれる。
前四六〇–四五五頃	トゥキュディデス生まれる。
前四五二頃	クレイトポン生まれる。アルキビアデス生まれる。
前四四五頃	アリストパネス生まれる。
前四三五頃	アリスティッポス生まれる。
前四三二	ポテイダイアの戦い。ソクラテス、アルキビアデス共に従軍。
前四三一	ペロポネソス戦争勃発。
前四三〇頃	クセノポン生まれる。
前四二七	プラトン生まれる。
前四二四	デリオンの戦い、アテナイ軍敗退。ソクラテス、アルキビアデス共に従軍。
前四二三	『雲』初演。
前四一五	アテナイ軍、シケリアに遠征。ニキアス、ラマコス、アルキビアデス指揮官に任命される。アルキビアデスは出航後、ヘルメス像破壊の容疑で召還命令を受けるが、ラケダイモン（スパルタ）に逃亡し、対アテナイ戦遂行に協力。

前四一三	シケリアのアテナイ遠征軍降伏。ニキアス処刑される。
前四一二	アルキビアデス、ラケダイモンを去り、イオニアに赴く。ペルシアの総督ティッサペルネスと好誼を通じる一方、サモス島のアテナイ軍を率いることに成功。
前四一一	アテナイで四百人政権成立。
前四一〇	アルキビアデス、ラケダイモンの海軍をキュジコス沖で撃破。
前四〇七	アルキビアデス、アテナイに凱旋。いったん軍事の全権を委任されるも、翌年には部下の失策が原因で失脚、トラキアに逃れる。
前四〇四	アテナイ降伏、ペロポネソス戦争終る。クリティアス率いる三〇人政権が権力掌握。アルキビアデス、亡命先のプリュギアで刺客に襲われ死去。
前三九九	ソクラテス、裁判で死刑判決を受け、刑死。トゥキュディデス死去。
前三八七頃	プラトン、アカデメイアに学園設立。
前三八四	アリストテレス生まれる。
前三五五頃	アリスティッポス、クセノポン死去。
前三四七	プラトン死去。

文献表

はじめに

J・S・ミル『功利主義論』伊原吉之助訳、『世界の名著38 ベンサム／J・S・ミル』中央公論社、一九六七年。

ニーチェ『悲劇の誕生』秋山英夫訳、岩波文庫、一九八三年（第一九刷）。

プラトン『ソクラテスの弁明・クリトン』三嶋輝夫・田中享英訳、講談社学術文庫、一九九八年。

神崎繁『人生のレシピ』岩波書店、二〇二〇年。

第1章『クレイトポン』関連文献

テキストと註釈

Burnet, J., *Platonis Opera IV*, Oxford University Press, 1976.
Slings, S. R., *A Commentary on the Platonic Clitophon*, Academische Pers, 1981.（学位論文）
———*Plato Clitophon*, Cambridge University Press, 1999.
Souilhe, J., *Platon, Oeuvres complètes XIII 2*, Les Belles Lettres, 1930, 163–190.

翻訳

Gonzalez, F. J., *Clitophon*, in *Plato Complete Works* (ed. J. Cooper), Hackett, 1997, 966–970.

Schleiermacher, F., *Kleitophon*, in *Platons Werke* II–3, Berlin, 1809.

プラトン『クレイトポン』田中美知太郎訳、『世界の名著6　プラトンⅠ』中央公論社、一九六六年。

――――『クレイトポン』田中美知太郎訳、『プラトン全集11』岩波書店、一九七六年。

――――『エウテュデモス／クレイトポン』朴一功訳、京都大学学術出版会、二〇一四年。

――――『アルキビアデス／クレイトポン』三嶋輝夫訳、講談社学術文庫、二〇一七年。

アリストテレス『アテナイ人の国制』橋場弦訳、『アリストテレス全集19』岩波書店、二〇一四年。

アリストパネス『蛙』内田次信訳、『ギリシア喜劇全集3』岩波書店、二〇〇九年。

主な研究書および論文

Bailly, J. A., *Plato's Euthyphro & Clitophon*, Focus, 2003.

Benson, H. H., *Clitophon's Challenge - Dialectic in Plato's Meno, Phaedo, and Republic*, Oxford University Press, 2015.

Bowe, C. S., In Defence of Clitophon, *Classical Philology* 102 (2007), 245–264.

Brünneke, H., Kleitophon wider Sokrates, *Archiv für Geschichte der Philosophie* 26 (1913), 449–478.

Bryan, J., Pseudo-Dialogue in Plato's *Clitophon*, *The Cambridge Classical Journal* 58 (2012), 1–22.

Fuks, A., *The Ancestral Constitution*, Routledge, 2010.

Geffcken, J., Das Rätsel des *Kleitophon*, *Hermes* 68 (1933), 429–439.

Grote, G., *Plato and the Other Companions of Sokrates* III, London, 1865.

Grube, M.A., The *Cleitophon* of Plato, *Classical Philology* 26 (1931), 302–308.
Kremer, M. (ed.), *Plato's Cleitophon - On Socrates and Modern Mind*, Lexington Books, 2004.
Mishima, T., Clitophon's Challenge and the *Aporia* of Socratic Protreptic, *JASCA* (*Japan Studies in Classical Antiquity*) Vol. II (2014), 89–102.
Moore, Chr., Socrates and Clitophon in the Platonic *Clitophon*, in *Ancient Philosophy* 32 (2012), 1–12.
Nails, D., *The People of Plato*, Hackett, 2002.
Rhodes, P. J., *A Commentary on the Aristotelian Athenaion Politeia*, Oxford University Press, 1993.
Roochnik, D. L., The Riddle of the *Cleitophon*, in *Plato's Cleitophon* ed. by M. Kremer, Lexington Books, 2004, 43–58.
Rutherford, R. B., *The Art of Plato*, Duckworth, 1995.
Taylor, A. E., *Plato*, Methuen, 1971 (repr.).
Yxem, E. F., *Über Platon's Kleitophon*, 1846; Nabu Public Domain Reprints, 2012 (repr.)
井上忠「プラトンのソクラテス像」『哲学の現場』勁草書房、一九八〇年、三一‐三四頁。
小島和男「クレイトポンへの回答——『クリトン』におけるソクラテスの正義」『学習院大学人文科学論集』第一二号、二〇〇三年、一‐二四頁。
三嶋輝夫「それから?——『クレイトフォン』とその先への問い」、日本西洋古典学会編『西洋古典学研究』LII、岩波書店、二〇〇四年、一‐一二頁。

クセノポン関連文献

Bandini, M. & Dorion, L-A., *Xénophon, Mémorables* Tome II, 1er partie, Livre II-III, Les Belles Lettres, 2019.

Kühner, R., *Xenophons Memorabilien*, Teubner, 1902.

クセノフォーン『ソークラテースの思い出』佐々木理訳、岩波文庫、二〇〇五年（第三九刷）。

クセノポン『ソクラテス言行録1』内山勝利訳、京都大学学術出版会、二〇一一年。

プラトン関連文献

Denyer, N., *Plato Protagoras*, Cambridge University Press, 2008.

Dodds, E. R., *Plato Gorgias*, Oxford University Press, 1959.

Nestle, W., *Platon Protagoras*, Teubner, 1978.

Nussbaum, M., Aristophanes and Socrates on Learning Practical Wisdom, *Yale Classical Studies* 26, 1980, 43–97.

プラトン『国家』上下、藤沢令夫訳、岩波文庫、二〇〇九年（上、第四九刷）、二〇〇八年（下、第四五刷）。

――『プロタゴラス』藤沢令夫訳、『プラトン全集8』岩波書店、一九七五年。

――『ラケス』三嶋輝夫訳、講談社学術文庫、一九九七年。

――『ソクラテスの弁明・クリトン』三嶋輝夫・田中享英訳、講談社学術文庫、一九九八年。

――『エウテュデモス』山本光雄訳、『プラトン全集8』岩波書店、一九七五年。

――『エウテュデモス／クレイトポン』朴一功訳、京都大学学術出版会、二〇一四年。

その他

加藤信朗『初期プラトン哲学』東京大学出版会、一九八八年。
納富信留『ギリシア哲学史』筑摩書房、二〇二一年。

第2章 『アルキビアデス』関連文献

テキストと註釈

Burnet, J., *Platonis Opera II*, Oxford University Press,1976.
Croiset, M., *Platon Oeuvre Complètes*, Tome I, Budè.
Denyer, N., *Plato Alcibiades*, Cambridge University Press, 2001.
Griffin, M., *Olympiodorus: Life of Plato and On Plato First Alcibiades 1-9*, Bloomsbury, 2015.
Olympiodorus, *Commentary on the first Alcibiades of Plato* (ed. L. G. Westerink), North-Holland Publishing Company, 1956.
Proclus, *Sur le premiere Alcibiade de Platon*, Tom. I & Tom. II (ed. A. Ph. Segonds), Budè, 1985.

翻訳

Hutchinson, D. S., *Alcibiades*, in *Plato Complete Works* (ed. J. Cooper), Hackett, 1997, 557–595.
プラトン『第一アルキビアデス』山本光雄訳、『プラトン全集4』角川書店、一九七三年。
――『アルキビアデスI』田中美知太郎訳、『プラトン全集6』岩波書店、一九七五年。
――『アルキビアデス/クレイトポン』三嶋輝夫訳、講談社学術文庫、二〇一七年。

トゥキュディデス『歴史2』城江良和訳、京都大学学術出版会、二〇〇三年。

主な研究書および論文

Annas, J., Self Knowledge in Eary Plato. in D. J. O'Meara (ed.), *Platonic Investigations' Studies in Philosophy and the History of Philosophy* 14, 111–138.

Bluck, R. S., The Origin of *the Greater Alcibiades, Classical Quartery* NS3 (1953), 187–190.

Carlini, A., Studi sul testo della quarta tetralogia platonica, *Studi Italiani di Filologica Classica* 34 (1962), 169–189.

Clark, P. M., The *Greater Alcibiades, Calssical Quartery* NS5 (1955), 231–240.

Friedländer, P., (1) *Der Grosse Alkibiades*: ein Weg zu Plato, Bonn, 1921.

———— (2) *Der Grosse Alkibiades*: kritische Erörterungen, Bonn, 1923.

———— (3) *Platon* Bd.2, De Gruyter, 1964 (3tte verbesserte Aufl.), 214–226.

Gribble, D., *Alcibiades and Athens - A Study in Literary Presentation*, Oxford University Press, 1999.

Guthrie, W. K. C., *A History of Greek Philosophy* Vol.3, Cambridge University Press, 1969, 470–477.

Johnson, D. M., God as the True Self: Plato's *Alcibiades I, Ancient Philosophy* 19 (1999), 1–19.

Reis, B., Im Spiegel der Weltseele - Platon, *Alkibiades I* 133c8–17 und der Mittelplatonismus. in *Traditions of Platonism: Essays in Honour of John Dillon* (ed. J. J. Cleary), Ashgate, 1999, 83–113.

Smith, N. D., Did Plato Write *the Alcibiades I?*, *Apeiron* 37 (2004), 93–108.

Tarrant, H., Olympiodorus and Proclus on the Climax of the *Alcibiades, International Journal of the Platonic Tradition I*, 2007, 3–29.

Werner, D., The Self-Seeing Soul in the *Alcibiades I*, *Ancient Philosophy* 33, 2013, 1–25.

川田殖「『アルキビアデスⅡ』解説」『プラトン全集6』岩波書店、一九七五年。

山本巍『プラトン饗宴――訳と詳解』東京大学出版会、二〇一六年。

米澤茂「アイスキネスの『アルキビアデス』と史的ソクラテス」、筑波大学大学院人間総合科学研究科教育基礎学専攻『教育学論集』第七集、二〇一一年二月、一–二五頁。

アイスキネスの断片については、

Corpus dei Papiri Filosofici Greci e Latini, Parte I: Autori Noti, Vol.1*, Leo S. Olschki, 1989, 120–134

を参照。また断片の再構成の試みとしては、

Gaiser, K., *Protreptik und Paränese bei Platon*, 1959, 71–106

を参照。ポリュクラテスについては、

Chroust, A-H., Polycrates' Κατηγορία Σωκράτους, in *Socrates, Man and Myth*, Routledge, 2019 (1st ed. 1957).

を参照のこと。なお、本書では言及しなかったが、プルタルコスの『アルキビアデス』については、以下の文献を参照。

Perrin, B., *Alcibiades*, in *Plutarch's Lives IV*, Harvard University Prss, 1916.

プルタルコス「アルキビアデスとコリオラヌス」柳沼重剛訳、『英雄伝2』京都大学学術出版会、二〇〇七年。

その他

Diels, H. & Kranz W., *Die Fragmente der Vorsokratiker* 2. Bd., Weidmann, 1972（16te Aufl.）.

第３章　アリスティッポス関連文献

アリスティッポス資料集

Giannantoni, G., *Socratis et Socraticorum Reliquiae*, Vol. II, Bibliopolis, 1990.
Mannebach, E., *Aristippi et Cyrenaicorum Fragmenta*, Brill, 1961.

ディオゲネス・ラエルティオス関連：テキストと翻訳

Long, H. S., *Diogenis Laertii Vitae Philosophorum*, 2 vols. Oxford University Press, 1964.
Hicks, R.D., *Diogenes Laertius, Lives of Eminent Philosophers*, 2 vols. Harvard University Press, 1980（repr.）.
ディオゲネス・ラエルティオス『ギリシア哲学者列伝』上、加来彰俊訳、岩波文庫、一九九一年（第六刷）。

本書では加来訳を用いた。

クセノポン関連：テキストと翻訳

訳出に際しては、

Marchant, E. C., *Xenophontis Opera Omnia*, Tomus II, Oxford University Press, 1981（repr.）

を底本とし、以下の文献も参照した。

Bandini, M. & Dorion, L-A., *Xénophon: Mémorables*, Tome I (2003), Tome II (2019), Les Belle Lettres.
Kühner, R., *Xenophons Memorabilien*, Teubner, 1902 (6ste verbesserte Aufl.).
クセノフォーン『ソークラテースの思い出』佐々木理訳、岩波文庫、二〇〇五年（第三九刷）。
クセノポン『ソクラテス言行録1』内山勝利訳、京都大学学術出版会、二〇一一年。

研究書及び論文

Döring, K., Die Sokratesschüler Aristipp und die Kyrenaiker, *Akademie der Wissenschaften und der Literatur; Abhandlungen der geistes- und sozialwissenschaftlichen Klasse*, 1988, Nr. 1, 69f.
Gigon, O., *Kommentar zum Ersten Buch von Xenophons Memorabilien*, Friedrich Reinhardt, 1953.
———*Kommentar zum Zweiten Buch von Xenophons Memorabilien*, Friedrich Reinhardt, 1956.
Irwin, T., Aristippus against Happiness, *The Monist* 74, 1, 1991, 55–82.
Natorp, P., *Paulys Real-Encyclopedie der Classischen Altertumswissenschaft*, Dritter Halbband, 902–905.
三嶋輝夫「ソクラテスと若者たち——アリスティッポスの場合」『青山史学』第一七号、一九九九年、六七–八〇頁。
———「小ソクラテス学派」、内山勝利編『哲学の歴史1』中央公論新社、二〇〇八年、三六四–四〇九頁。

その他
川本愛『コスモポリタニズムの起源――初期ストア派の政治哲学』京都大学学術出版会、二〇一九年。
三嶋輝夫『汝自身を知れ――古代ギリシアの知恵と人間理解』ＮＨＫライブラリー、二〇〇五年。

そしてプラトン――結びに代えて
Nussbaum, M., Aristophanes and Socrates on Learning Practical Wisdom, *Yale Classical Studies* 26 (1980), 43–97.
アリストパネス『雲』橋本隆夫訳、『ギリシア喜劇全集１』岩波書店、二〇〇八年。

三 嶋 輝 夫（みしま・てるお）
1949年、東京都生まれ。国際基督教大学教養学部人文科学科卒業。東京大学大学院人文科学研究科博士課程単位取得退学。東京大学文学部助手、青山学院大学専任講師・助教授を経て、青山学院大学文学部教授を長く務めた。専門は、倫理学・ギリシア哲学。著書に『規範と意味――ソクラテスと現代』（東海大学出版会）、『モラル・エッセイズ――市民のための倫理学』（杉山書店）、『汝自身を知れ――古代ギリシアの知恵と人間理解』（NHKライブラリー）など、翻訳にプラトン『ラケス』（講談社学術文庫）、『ソクラテスの弁明・クリトン』（共訳、講談社学術文庫）、『アルキビアデス／クレイトポン』（講談社学術文庫）、T・C・ブリックハウス＋N・D・スミス『裁かれたソクラテス』（共訳、東海大学出版会）など。

ソクラテスと若者たち

彼らは堕落させられたか？

2021年12月25日　第1刷発行

著者――――――三嶋輝夫
発行者―――――神田　明
発行所―――――株式会社 **春秋社**
〒101-0021 東京都千代田区外神田 2-18-6
電話 03-3255-9611
振替 00180-6-24861
https://www.shunjusha.co.jp/
印刷・製本―――萩原印刷 株式会社
装丁――――――河村　誠

Printed in Japan, Shunjusha
ISBN978-4-393-32233-8
定価はカバー等に表示してあります

人名索引

（本文のみ。なお右肩の＊は神話上の存在を、＊＊は叙事詩など作品中の登場人物を示す）

あ行

か行

さ行

た行

な行

は行

ま行

や行

ら行

註

はじめに

1. この言葉は、元・東京大学総長の大河内一男氏が卒業式で述べた言葉とされてきたが、実際には読まれなかったとも言われる。なお、J・S・ミル（1806–1873）の元の文章は以下の通りである。「満足した豚であるより、不満足な人間である方がよく、満足した馬鹿であるより、不満足なソクラテスであるほうがよい」（伊原吉之助訳『世界の名著 38 ベンサム／J・S・ミル』中央公論社、1967年、470頁。はたして実際のソクラテスが痩せていたかどうかをめぐっては、神崎繁『人生のレシピ』岩波書店、2020年、2–3頁、「ソクラテスは太っていたか？」を参照）。
2. ニーチェ『悲劇の誕生』第1節参照。ただし、ニーチェ自身はこの対概念をギリシア文化全般に適用している。
3. 一般には『ソクラテスの弁明』と言えば即プラトンの作品ということになるであろうが、クセノポンにも同名の作品があるので、あえて「プラトンの」と断る次第。告発理由については、プラトン『ソクラテスの弁明』24B8–C1参照（三嶋輝夫・田中享英訳『ソクラテスの弁明・クリトン』講談社学術文庫、1998年、31頁。以下、三嶋・田中と略）。
4. ソクラテスが「ダイモニオン」と呼ぶもの。プラトン『ソクラテスの弁明』24C1参照。
5. 「堕落させる」の原語はdiaphtheirōで、元々は「破壊する」「滅ぼす」「殺す」を意味する。しかし、別にソクラテスは若者たちを殺していると訴えられているわけではないので、「堕落させる」と訳しておく。「損う」「駄目にする」なども考えられるかも知れない。
6. ここで彼らの大凡の生没年を挙げれば以下の通りである。クレイトポン（前452年頃–前404年以降）、アルキビアデス（前452年頃–前404年）、アリスティッポス（前435年頃–前355年頃）。なお、ソクラテスは前469年–前399年、プラトンは前427年–前347年、クセノポンは前430年頃–前355年頃である。

第1章

1. 『クレイトポン』406A1–4（拙訳『アルキビアデス／クレイトポン』講談社学術文庫、2017年、136頁）。
2. 『ソクラテスの弁明』22E6–23B4参照。三嶋・田中、27–8頁。
3. 『クレイトポン』406A5–9（拙訳、136頁）。
4. 原語はparrēsiaで「言論の自由」に相当する。
5. 『クレイトポン』407A1–4（拙訳、137頁）。
6. プラトン『ゴルギアス』458A1–B1参照。
7. 『クレイトポン』407A5–B1（拙訳、137頁）。
8. 同前、407B1–8（拙訳、138頁）。

9. プラトン『ソクラテスの弁明』29D2–E3（三嶋・田中、49–50頁。一部改訳）。
10. 同前、30A7–B4（三嶋・田中、50–51頁）。
11. Cf. Brünnecke, H., Kleitophon wider Sokrates, *Archiv für Geschichte der Philosophie* 26 (1913), 449-478.
12. 『クレイトポン』407E5–8（拙訳、140頁）。
13. 同前、407E8–408A1（拙訳、140頁）。
14. 同前、408A4–B3（拙訳、141頁）。
15. プラトン『エウテュデモス』280D1–4。翻訳の底本としては、Burnet, J., *Platonis Opera III*, Oxford University Press, 1977を用いた。以下、『エウテュデモス』からの訳出にあたっては、プラトン『エウテュデモス』山本光雄訳、『プラトン全集8』岩波書店、1975年、並びに、プラトン『エウテュデモス／クレイトポン』朴一功訳、京都大学出版会、2014年を参照した。
16. 同前、281A6–B1。
17. 『クレイトポン』408B5–C4（拙訳、141頁）。
18. 傍線部（a）の後に続く、自己への配慮の最重要性の主張に関しては、両者の間に相違はないと見てよいであろう。なお、この「自己への配慮」は、第2章の中心的トピックの1つとなる。
19. プラトン『プロタゴラス』360E6–361D2参照。
20. プラトン『ソクラテスの弁明』20B7–C3（三嶋・田中、18頁）。
21. 同前、30E2–31A1（三嶋・田中、53頁）
22. 前掲『クレイトポン』408D1–E3（拙訳、142–143頁）。
23. 井上忠「プラトンのソクラテス像」、『哲学の現場』勁草書房、1980年、17頁。
24. プラトン『ラケス』190B3–C3（拙訳『ラケス』講談社学術文庫、1997年、44頁）。なお、『ラケス』全体の解釈としては、今なお加藤信朗氏の論考が参照されるべきであろう。加藤信朗『初期プラトン哲学』（東京大学出版会、1988年）第三章「徳——『徳とは何であるか』の問／『ラケス』篇」。
25. 『クレイトポン』409A7–B6（拙訳、144頁）。
26. 同前、409B6–C1（拙訳、144頁）。
27. 原語はhomonoia。すなわち、「同じ」（homoia）「考え」（noia）を持つこと。『クレイトポン』409E3–4（拙訳、146頁）参照。
28. 同前、410A3–6（拙訳、146頁）。
29. 同前、410A7–B3（拙訳、147頁。一部改訳）。
30. 同前、410B3–C4（拙訳、147頁）。
31. 同前、410C4–6（拙訳、148頁。〔　〕内は筆者による補足）。
32. 同前、410C6–8（拙訳、148頁）。なお「通っています」の原語は未来形のporeusomaiではなく、現在形のporeuomaiを採用する。なぜなら、本篇冒頭のソクラテスの言葉は、既にクレイトポンがトラシュマコスの授業（原語はsynousiaで、文字どおりには「一緒にいること」の意）を受けていることを前提としなければ意味をなさないからである。
33. 同前、410C8–D5（拙訳、148頁）。
34. 同前、410E5–8（拙訳、149頁）。
35. プラトン『国家』第1巻、336B8–C6。翻訳の底本としては、Burnet, J., *Platonis*

Opera IV, Oxford University Press, 1972 を用い、Slings, S. R, *Platonis Rempublicam*, Oxford University Press, 2003 も参照した。以下、『国家』からの訳出にあたっては、プラトン『国家』(上) 藤沢令夫訳、岩波文庫、2009年 (第49刷)、同 (下)、2008年 (第45刷) を参照した。
36. 同前、336C6–D4。
37. 同前、338C1–3。
38. プラトン『ゴルギアス』490B1–491A3。
39. プラトン『国家』338E1–339A4。
40. プラトン『テアイテトス』177C6–D2。翻訳の底本としては、Burnet, J., *Platonis Opera I*, Oxford University Press, 1973 を用い、新版も参照した。Duke, E. A. et alii. *Platonis Opera I*. Oxford University Press, 1995. また訳出にあたっては、プラトン『テアイテトス』田中美知太郎訳、岩波文庫、1983年 (第17刷)、プラトン『テアイテトス』渡辺邦夫訳、ちくま学芸文庫、2004年を参照した。
41. プラトン『国家』340B6–8。
42. Roochnik, D.L., The Riddle of the *Cleitophon*, in *Plato's Cleitophon* ed. by M.Kremer, Lexington Books, 2004, 51-52.
43. 例えば、プラトン『ゴルギアス』470C9–471D2 参照。
44. プラトン『国家』344C4–8。
45. 納富信留『ギリシア哲学史』筑摩書房、2021年、327頁参照。
46. プラトン『国家』第1巻、332D2–6。
47. 同前、351D4–7 参照。興味深いことに、プラトン『アルキビアデス』126C4–5 においても「友愛」と「同じ考えを持つこと」が同一視されている。拙訳、85頁参照。
48. プラトン『クリトン』49B8–C11 参照。三嶋・田中、141–142頁。
49. プラトン『国家』335B2–D12 参照。
50. プラトン『ラケス』190B7–C2。拙訳、44頁。
51. 同前、186B8–C5。拙訳、32頁。
52. プラトン『国家』354B1–C3。
53. ソクラテスの「無知の自覚」がどこまで及ぶのかについては様々な解釈が出されているが、少なくとも四元徳 (正義、節制、勇気、知恵) に関して、それらが徳 (美徳) であるかどうかも知らないとするのは、例外であろう。実際、『ラケス』においても、徳の1つである「勇気」が「立派なもの」(kalon) であるという前提がラケス論駁の梃子になっているのであり、それを外すことは考えられない。『ラケス』192B9–D9 を参照。拙訳、53–54頁。なお「無知 (不知) の自覚」の解釈については、例えば、前掲、三嶋・田中の 109–12頁を参照。
54. Nussbaum, M., Aristophanes and Socrates on Learning Practical Wisdom, *Yale Classical Studies* 26 (1980), 63.
55. この指摘は、2010年9月21日にケンブリッジ大学で開催された Southern Association for Ancient Philosophy の例会で筆者が発表した時に、故マイルズ・バーニエット教授によってなされた。なお、ポレマルコスについては、プラトンの他に、プルタルコス『肉食について』(de esu carnium) 998B5–6 も参照。
56. プラトン『パイドロス』257B1–4。翻訳の底本としては、Burnet, J., *Platonis*

Opera II, Oxford University Press, 1976を用いた。訳出にあたっては、プラトン『パイドロス』藤沢令夫訳、岩波文庫、2013年（第60刷）を参照した。なお、パイドロスのみならず、クレイトポンにもリュシアスが影響を与えた可能性を重視する解釈者として、イクセムがいる。Cf. Yxem, E. F., *Über Platons Kleitophon*, Jahresbericht Friedrich-Wilhelms-Gymnasium, 1846, 3-21（初版）未入手；Nabu Public Domain Reprints（再版）, 15ff.

57. 『テアイテトス』149A1–D4参照。
58. こうした見解をとるものとしては、Rutherford, R. B., *The Art of Plato*, Duckworth, 1995, 100. Bryan, J., Pseudo-Dialogue in Plato's *Clitophon*, *The Cambridge Classical Journal* 58 (2012), 3. など。なお、ソクラテスはクレイトポンの問いを答えるに値しないと考えたが故に答えなかったと見る解釈は、プロクロスによれば、プラトン主義者のプトレマイオスまで遡るとされる。Cf. Proclus, *In Tim.* 7b.
59. プラトン『国家』第7巻、538D以下及び本書169–171頁参照。
60. クセノポン『ソクラテスの思い出』第1巻、第4章、第1節。以下、クセノポンからの翻訳の底本としては、Marchant, E. C., *Xenophontis Opera Omnia II*, Oxford University Press, 1981を用い、併せてKühner, R., *Xenophons Memorabilien*, Teubner, 1902およびBandini, M. & Dorion, L-A., *Xénophon Mémorables Livre I*, Les Belles Lettres, 2003, 同*Xénophon Mémorables Livre II-III*, Les Belles Lettres, 2019を参照した。また訳出に際しては、クセノフォーン『ソークラテースの思い出』佐々木理訳、岩波文庫、2005年（第39刷）およびクセノポン『ソクラテス言行録1』内山勝利訳、京都大学学術出版会、2011年を参照した。
61. 同前、第19節。
62. この定義については、プラトン『国家』第4巻、433A8–B5参照。
63. プラトン『クリトン』49A4–7（三嶋・田中、140頁）参照。なお、小島は『クリトン』をメインテクストに、ソクラテスの行動を重視し、「クレイトポンの求める『その先』、それはソクラテスの生き方そのものにあらわれていたと言えよう。」としている。小島和男「クレイトポンへの回答」、『学習院大学人文科学論集』12、2003年、20頁。
64. プラトン『ゴルギアス』474C4–475C9。
65. プラトン『ヒッピアス大』287E4。
66. Cf. Slings, S.R., *A Commentary on the Platonic Clitophon*, Academische Pers Amsterdam, 1981, p. 257（スリングズ1と表記）; *Plato Clitophon*, Cambridge University Press, 1999, 233-234（スリングズ2と表記）。
67. トラシュロス（？–紀元36年）はエジプト出身で、プラトン集成を編纂した。4つの作品ごとにグループ分けする分類法（テトラロギア）は、今日のオックスフォード版に至るまで踏襲されている。
68. Grote, G., *Plato and the Other Companions of Sokrates III*, 1865, 20.
69. Ibid.
70. Ibid.
71. Ibid., 21.
72. Grube, M.A., The "Cleitophon" of Plato, *Classical Philology* 26, 1931, 304.
73. Ibid., 305.

74. Guthrie, W.K.C., *A History of Greek Philosophy* V, Cambridge University Press, 1978, 388.
75. Roochnik, op. cit., 56, n. 7.
76. Yxem, op.cit. (repr.), 25.
77. Ibid.
78. Brünnecke, op. cit., 450.
79. Ibid., 457.
80. Ibid., 453.
81. Schleiermacher, *Platon* II-3, 1826 (zweite verbesserte Auflage), 459. これに対して朴は「まったく『非プラトン的』とまでは言い切ることはできないであろう」としているが、筆者はシュライエルマッハーの印象に賛同する。朴、前掲書、204頁。なお氏による丹念な解説も参照されたい。同書、186–208頁。
82. Ibid., 460.
83. その他の学者も含めた詳細については、cf. Brünnecke, op.cit., 450.
84. Taylor, A.E., *Plato*, Methuen, 1971 (repr.), 12.
85. Ibid., 538.
86. Cf. Rowe, Chr. Plato and Socrates, *Phronesis* XLV/2 (2000), 159-163.
87. スリングズ 2, 227.
88. Ibid., 228.
89. Ibid.
90. Ibid., 228-229.
91. Ibid., 229.
92. Ibid., 230.
93. Ibid.
94. Ibid., 231.
95. Ibid., 231-232.
96. Ibid., 232.
97. Ibid.
98. Cf. Ibid., 232-233.
99. スリングズ 1, 256-257.
100. スリングズ 2, 233-234.
101. 実際にはニキアスの他にアルキビアデスとラマコスの2人が指揮官に任命されているが、次章でも触れるように、遠征途上で本国からの召還命令を受けたアルキビアデスはそれを無視して、あろうことか宿敵ラケダイモン(スパルタ)に亡命した。
102. アリストテレス『アテナイ人の国制』第29章、第2–4節(橋場弦訳『アテナイ人の国制』、アリストテレス全集19、岩波書店、2014年、86頁)。
103. Fuks, A., *The Ancestral Constitution*, Routledge, 2010, 6.
104. Ibid., 20.
105. Ibid., 23.
106. Ibid., 21. なお、後者の立場は、クリティアスなどの過激派に由来するとされている。Cf. ibid., 24.
107. Rhodes, P.J., *A Commentary on the Aristotelian Athenaion Politeia*, Oxford University Press,

1993, 377.
108. アリストテレス、前掲書、第34章、第3節（橋場訳、96–98頁）。
109. アリストパネス『蛙』963–7行（内田次信訳『蛙』、ギリシア喜劇全集3、岩波書店、2009年、275頁）。
110. ネイルズによれば、クレイトポンは "a person well-known to Athenians for his flip-flopping political affiliations（アテナイ人の間では、その政治的立場を素早く転換することでよく知られた人物）" だったとされる。Nails, D., *The People of Plato*, Hackett, 2002, 102. なお、ポルミシオスについては、アリストテレスとアリストパネスでは位置づけが異なっているが、その点の解明は史家に委ねることとしたい。
111. アリストパネス、前掲書、1491–9行（前掲、内田訳、312–313頁）。

第2章

1. トゥキュディデス『歴史』第6巻、12節（『トゥキュディデス 歴史2』城江良和訳、京都大学学術出版会、2003年、106–107頁）。
2. 同前、9節（城江訳、102頁）。
3. 同前、13節（城江訳、107–108頁）。
4. プラトン『ラケス』197A6–C1（拙訳、71頁）。
5. トゥキュディデス、前掲書、第6巻、16節（城江訳、110頁）。
6. 同前（城江訳、112頁）。
7. 同前、17節（城江訳、同前）。
8. 同前（城江訳、同前）。
9. 同前、18節（城江訳、116頁）。
10. ソポクレス『ピロクテテス』、1047–54。翻訳の底本としては、Pearson, A. C., *Sophoclis Fabulae*, Oxford University Press, 1975を用いた。訳出にあたっては、ソポクレス『ピロクテテス』久保正彰訳、ちくま文庫1991年（第5刷）、および、ソポクレス『ピロクテーテース』片山英男訳、岩波書店、1990年を参照した。
11. プラトン『アルキビアデス』103A1–4（拙訳、『アルキビアデス／クレイトポン』講談社学術文庫、2017年、10頁）。
12. 「時宜にかなっていること」（eukairia）の強調については、Proclus, *Sur le premier Alcibiade de Platon*, 2 vols., texte établi et traduit par A. Ph. Segonds, Les Belles Lettres, 1985-86; vol.1,99-100. 及び、Olympiodorus: *Commentary on the first Alcibiades of Plato*, critical text and indices by L.G. Westerrink, North-holland, 1956, 26-27を参照。
13. プラトン『アルキビアデス』104A1–B3（拙訳、11頁）。
14. 同前、105A7–B7（拙訳、14頁）。
15. 同前、105B7–C4（拙訳、同前）。
16. トゥキュディデス『歴史』第2巻、23節を参照。
17. 『アルキビアデス』105E2–5（拙訳、15頁）。
18. 同前、106A6–8（拙訳、16頁）。
19. プラトン『カルミデス』155A8以下、参照。
20. プラトン『アルキビアデス』107C4–5（拙訳、21–22頁）。
21. 同前、112D7–9（拙訳、39–40頁）。

22. 同前、112D10（拙訳、40 頁）。
23. 同前、113B8–11（拙訳、42 頁）。
24. 同前、116E2–4（拙訳、55 頁）。
25. 同前、118E8（拙訳、62 頁）。
26. 同前、119C2–3（拙訳、65 頁）。
27. プラトン『プロタゴラス』342A3-343B5 参照。
28. プラトン『ラケス』183C8-184A7（拙訳、23–24 頁）参照。
29. 原語は epimeleia の単数与格形である。
30. 原語は sophia の単数与格形である。
31. プラトン『アルキビアデス』123D4（拙訳、74 頁）。
32. 同前、124A7–B1（拙訳、76 頁）。
33. 同前、124B3（拙訳、76 頁）。ここでは「知恵」の代わりに「技術」が用いられているが、ここでは「知恵」と同様の意味で用いられていると見てよいであろう。
34. 同前、125D5–6（拙訳、82 頁）。
35. 同前、125D7–9（拙訳、同前）。
36. 同前、126C1–3（拙訳、84–85 頁）。
37. 同前、126C5（拙訳、85 頁）。
38. 本書、22 頁参照。
39. プラトン『国家』433A8–B5 参照。
40. プラトン『アルキビアデス』127D6–8（拙訳、89–90 頁）。
41. 同前、127D9–E3（拙訳、90 頁）。
42. 同前、127E9–130C3 参照（拙訳、90–100 頁）。
43. 同前、130E8–9（拙訳、102 頁）。
44. プラトン『パイドロス』229E5–230A6。
45. プラトン『アルキビアデス』130D8–10（拙訳、101 頁）。
46. 同前、130E2–6（拙訳、102 頁）。
47. 同前、132E7–133A3（拙訳、108 頁）。
48. 同前、133B2–4（拙訳、109 頁）。
49. 同前、133B7–10（拙訳、同前）。
50. 同前、135E6–8（拙訳、119 頁）。
51. プラトン『国家』第 6 巻、487A2–5。
52. 同前、491B4–5。
53. 同前、491C1–4。
54. 同前、491E2–5。
55. 同前、492B5–C8。
56. プラトン『ソクラテスの弁明』21A5（三嶋・田中、21 頁）。
57. 同前、32A8–C4（三嶋・田中、57–58 頁）。
58. プラトン『ゴルギアス』510A6–D2。
59. プラトン『国家』494C4–D2。
60. プラトン『第 2 アルキビアデス』141A5–B6。翻訳の底本としては、Burnet, J., *Platonis Opera II*, Oxford University Press, 1976 を用いた。なお訳出に際して、『アル

キビアデス II』川田殖訳、(『プラトン全集 6』岩波書店、1975 年)を参照した。
61. 同前、141B7–8。
62. ドロテア・フレーデは、アリストパネスを除き、そこに集っている顔ぶれが『饗宴』と同じであることに注意を促している。Cf. Frede, D., The Impossibility of Perfection: Socrates' Criticism of Simonides' Poem, in *the Protagaoras, Review of Metaphysics* 39 (1986), 747.
63. プラトン『プロタゴラス』309B5–9。翻訳の底本としては、Burnet, J., *Platonis Opera III*, Oxford University Press, 1977 を用いた。以下、『プロタゴラス』からの訳出にあたっては、藤沢令夫訳『プロタゴラス』(『プラトン全集 8』岩波書店、1975 年)を参照した。
64. 同前、309C11–12。
65. 同前、320A3–B1。アリプロンは、ペリクレスの兄弟。なお、ネストレはアリプロンがペリクレスに戻したと解釈しているが、デニヤー他の解釈に従っておく。Cf. Nestle, W., *Platon Protagoras*, B. G. Teubner, 1978, 91. Denyer, N., *Plato Protagoras*, Cambridge University Press, 2008, 99.
66. プラトン『アルキビアデス』118E4(拙訳、62 頁)参照。
67. プラトン『プロタゴラス』336B7–D2。
68. Cf. Diels, H. & Kranz W., *Die Fragmente der Vorsokratiker* 2. Bd., Weidmann, 1972 (16te Aufl.), 88, Fr. B25. (以下、DK と略。)
69. プラトン『プロタゴラス』347A6–B2。
70. 同前、347B3。
71. 同前、347B3–7。
72. 同前、348B3–8。
73. シレノスは半人半馬の存在で、年老いて知恵に富むとも、好色で妖精(ニュンフ)を追い回していたとも言われる。
74. マルシュアスはサテュロス(山野に棲む半獣半人の存在で、酒神ディオニュソスの従者とされる)の 1 人で、音楽に長じ、笛——実は、アルキビアデスは顔が不格好になるので嫌っていたと言われる——を得意としていたとされる。
75. プラトン『饗宴』215C6–D6。翻訳の底本としては、Burnet, J., *Platonis Opera II*, Oxford University Press, 1976 を用いた。なお訳出にあたっては、プラトーン『饗宴』森進一訳、新潮文庫、1984 年(第 26 刷)、山本巍『プラトン 饗宴——訳と詳解』東京大学出版会、2016 年、を参照した。
76. コリュバンテスはプリュギアのキュベレ神に仕える神官たちで、トランス状態で踊り狂ったとされる。
77. 同前、215E1–4。
78. 同前、215E4–7。
79. プラトン『メノン』79E7–80A8。翻訳の底本としては、Burnet, J. *Platonis Opera III*, Oxford University Press, 1977 を用いた。なお訳出にあたっては、プラトン『メノン』藤沢令夫訳、岩波文庫、2002 年(第 10 刷)およびプラトン『メノン』渡辺邦夫訳、光文社古典文庫、2012 年を参照した。
80. プラトン『饗宴』215E7–216A1。
81. 『ラケス』187E6–188A3(拙訳、36–37 頁)。

82. プラトン『饗宴』216A2–6。
83. 同前、216A6–8。
84. 同前、216A8–C3。
85. プラトン『アルキビアデス』108E5–109A3（拙訳、27 頁）。
86. 同前、124A5–7（拙訳、75 頁）。
87. 同前、127D6–8（拙訳、89–90 頁）。
88. 同前、135D7–10（拙訳、119 頁）。
89. 同前、135E4–5（拙訳、同前）。
90. プラトン『饗宴』203C6–D3。
91. 同前、203D4–E5。
92. 同前、204A3–7。
93. 同前、213E7–11。
94. ある粋人の訳によれば、「鍋奉行」ならぬ「飲み会の奉行」。山本、前掲書、69 頁。
95. Gribble, D., *Alcibiades and Athens*, Oxford, 1999, 250.
96. Ibid., 251.
97. Ibid.
98. Hug, A., *Symposion* erklärt von Arnold Hug, besorgt von Hermann Schöne, Teubner, 1909 (Dritte Auflage), 140.
99. Ibid., 140-141.
100. Dodds, E. R., *Plato Gorgias*, Oxford, 1959, 387.
101. プラトン『ゴルギアス』482D7–483A7。
102. 同前、483C7–E1。
103. 同前、491D10–492A3。翻訳の底本としては、ドッズの前掲書を用いる。
104. 同前、492A3–B8。
105. 同前、483E4–484B1。
106. ニーチェ、『道徳の系譜』第 1 章、2 節参照。
107. プラトン『ゴルギアス』481D3–5。
108. 同前、519A4–B2。
109. 同前、484C4–D2。
110. 同前、485D1–E2。
111. 同前、458D1–4。
112. 同前、497A6。
113. 同前、497B6–7。
114. 同前、491A1–3。
115. 同前、505C1–2。
116. Dodds, op. cit., 13.
117. Gribble, op. cit., 235.
118. クセノポン『ソクラテスの思い出』第 1 巻、第 2 章、12–16 節。
119. ポリュクラテス『ソクラテス弾劾』の概要については Chroust, A-H., *Socrates, Man and Myth*, Routledge, 2019 の第 4 章を参照。
120. 以下のエピソードについては、クセノポン、前掲書、第 1 巻、第 2 章、40–46

節を参照。
121.『国家』第7巻、537E1–4。
122. 同前、538D6–E3。
123. 同前、538E5–7。
124. 同前、539B1–7。
125. 同前、539B9–C2。
126.『ソクラテスの弁明』23C2–D2（拙訳、28–29頁）。
127. 同前、33B9–C4（拙訳、60–61）。

第3章

1. 『列伝』第2巻、第8章、65節。加来彰俊訳『ギリシア哲学者列伝』（上）、岩波文庫、1991年（第6刷）、171頁。なお、引用文中の「弟子の」は筆者が補った。
2. 同前、77節（加来訳、180頁）。
3. 同前（加来訳、同前）。
4. 同前（加来訳、同前）。
5. 同前、68節（加来訳、173頁）。
6. 同前、69節（加来訳、174頁）。
7. 同前、75節（加来訳、178頁）。
8. 同前、67節（加来訳、172–173頁）。
9. 同前、66節（加来訳、同前）。
10. Cf. Irwin, T., Aristippus against Happines, *The Monist*, 74,1 (1991), 55-82.
11. 『列伝』前掲書、第2巻、第8章、66節（加来訳、172頁）。
12. 同前、78節（加来訳、181頁）。
13. 同前、67節（加来訳、173頁）。
14. 同前、81節（加来訳、183頁）。
15. 『パイドン』59C3–4を参照。
16. Cf. Giannantoni, G., *Socratis et Socraticorum Reliquiae*, Vol. II, Bibliopolis, 1990, 8.
17. クセノポン『ソクラテスの思い出』第2巻、第1章、1節。なお、キューナーの提案（元はベッサリオン）に従い、“pros epithymian” は削除して読む。Cf. Kühner, R., *Xenophons Memorabilien*, Teubner, 1902, 54. バンディーニは後の “kai rhigous kai thalpous kai ponou” を削除しているが、従わない。Cf. Bandini, M., & Dorion, L-A., *Xénophon, Mémorable* Tome II, ler partie, Livre II-III, Les Belles Lettres, 2019, 1.
18. 同前、2節。
19. 同前、8節。
20. スイスの古典学者ジゴンは、この概念に関連してテミストクレスの次の言葉を引用している。すなわち、「政治家は、大きな木のようなものだ。人びとは嵐の時にはその下に逃げ込むが、天候が回復するかしないうちに、その木から枝葉を引きちぎるのだ」。Cf. Gigon, O., *Kommentar zum Zweiten Buch von Xenophons Memorabilien*, Verlag Friedlich Reinhardt, 1956, 27-28.
21. クセノポン、前掲書、9節。

22. 同前、11 節。
23. 同前、12 節。
24. 同前、13 節。
25. Gigon, op.cit., 11.
26. プラトン『ソクラテスの弁明』29E3–30A4（三嶋・田中、50 頁）。
27. コスモポリタニズムについての最近の研究としては、川本愛『コスモポリタニズムの起源――初期ストア派の政治哲学』京都大学学術出版会、2019 年を参照。
28. クセノポン、前掲書、第 2 巻、第 1 章、17 節。
29. 「快の計量術」については、プラトン『プロタゴラス』356D3–E4 参照。
30. クセノポン、前掲書、第 2 巻、第 1 章、20 節。
31. 同前。
32. 同前、21 節。
33. Gigon, op.cit., 63.
34. クセノポン、前掲書、第 2 巻、第 1 章、23 節。
35. プラトン『ソクラテスの弁明』39A6–B4（三嶋・田中、77 頁）。
36. クセノポン、前掲書、第 2 巻、第 1 章、23 節。
37. 同前、25 節。
38. 同前、27 節。
39. 同前、30 節。
40. 同前、第 3 巻、第 8 章、1–3 節。
41. 同前、4 節。
42. 同前、5 節。
43. プラトン『プロタゴラス』334A3–C2。
44. クセノポン、前掲書、第 3 巻、第 8 章、6 節。
45. 同前。
46. Kühner, op. cit., 128.
47. Cf. Natorp, P., *Paulys Real-Encyclopädie der Classischen Altertumswissenschaft*, Dritter Halbband, 903.
48. プラトン『プロタゴラス』337C6–E2。
49. DK. 87, Fr. B44 の A、B を参照。
50. Döring, K., Die Sokratesschüler Aristipp und die Kyrenaiker, Akademie der Wissenscaften und der Literatur, *Abhabdlungen der geistes-und sozialwissenschaftlichen klasse*, 1988, Nr.1, 5-71.

そしてプラトン――結びに代えて

1. Nussbaum, op. cit., 57.
2. Ibid., 63.
3. Ibid., 60-62.
4. Ibid., 63-64.
5. Ibid., 51-52. ここで言われる「ソクラテスの論駁法」は、同論文 75、77 頁の記述から見て、プラトン対話篇で描かれるエレンコスと考えてよいであろう。

6. Ibid., 81.
7. 本書、169–170 頁。
8. Nussbaum, op. cit., 79.
9 Ibid., 87
10. Ibid.
11. Ibid., 87-88.
12. プラトン『ゴルギアス』521D6–8 を参照。